세계의 옷공장, 북한

2020년 6월 12일 초판 1쇄

글 김승재
펴낸곳 늘품플러스
펴낸이 전미정
책임편집 최효준
디자인 고은미 정진영
출판등록 2004년 3월 18일, 제2-4350호
주소 서울 중구 퇴계로 182 가락회관 6층
전화 02-2275-5326
팩스 02-2275-5327
이메일 go5326@naver.com
홈페이지 www.npplus.co.kr
ISBN 979-11-88024-39-1 03340
정가 16,500원

세계의
옷공장,
북한

김승재 저

CONTENTS

프롤로그

"CJ가 홈쇼핑에서 북한산 옷을 팔았다." 2018년 말 중국의 대북 사업가가 전한 이 한마디가 책의 씨앗이 됐다. 당시만 해도 1년 남짓의 탐사探査 취재로 계속 이어질 줄은 몰랐다. 2018년이란 시점이 중요한 이유는 바로 전년도에 유엔 안전보장이사회가 채택한 대북제재 결의 때문이다. 이 결의에는 '북한산 섬유제품 판매 금지' 내용이 포함됐다. 대북 사업가의 말이 사실이라면 한국 대기업이 유엔 안보리 대북제재 결의를 위반한 것이니 탐사 추적의 의미가 컸다. CJ의 북한산 의류 판매를 추적하는 과정에서 미국과 유럽, 중국, 일본 등 세계 각국 기업 역시 북한산 섬유제품을 중국산으로 수입한 사실을 포착했다. 본 저서에서 사진과 문건 등 다양한 물증을 제시하고 여러 당사자의 증언을 공개한다.

군이 유엔 안보리 대북제재 결의가 아니더라도 세계 여러 나라와 단체는 북한 노동자가 만드는 제품을 판매하지 못하도록 자체적으로 규정을 마련해두고 있다. 북한 노동자 고용이 '인권 착취'에 해당한다고 여기기 때문이다. 필자는 일류 스포츠용품 브랜드인 나이키·아디다스·리복 의류 역시 오랜 기간 북한 노동자가 만들었다는 사실도 확인했다. 2010년부터 2016년까지 6년여 기간 북한과 중국의 북한 노동자는 나이키·아디다스·리복 의류를 만들었고, 이 옷은 미국으로 수출됐다. 이 과정에서 대규모 서류 조작과 거액의 비자금 조성이 있었다는 증언과 관련 문건을 확보했다.

필자는 중국에서 파악한 북한 정보를 토대로 5년여 기간 언론 기고 활동을 했다. 2018년 CJ의 평양산 의류 판매 과정을 자세히 들여다보면 2018년과 2019년 필자가 중국에서 파악한 정보와 일맥상통하는 부분이 많다. 그래서 2018년과 2019년의 '중국 속 북한'의 모습도 다뤘다. 필자는 특히 2019년 말 또 다른 대북제재 위반 사실을 파악했다. 유엔 안보리 대북제재 결의에 따르면 2019년 12월 22일 이후로 북한 노동자는 해외에서 일해선 안 된다. 하지만 북한과 접하고 있는 중국 지역 여러 곳에서 북한 노동자가 친척 방문 등의 비자로, 또는 연수생으로 신분을 속인 채 일하고 있는 사실을 파악했다.

책의 마지막 부분에서는 중국에서 일하는 북한 노동자와 간부의 다양한 에피소드를 담았다. 이 부분에서 필자는 치열한 팩트 파인딩fact finding에 긴장했던 마음을 다소 풀 수 있었다. 북한 여성 노동자의 로맨스와 애환, 그들을 이용해 뒷돈을 챙기는 간부의 모습을 통해 그들 역시 우리와 마찬가지 모습의 인간군상이 모여 살고 있음을 엿볼 수 있다.

오랫동안 북한을 오가며 북한 봉제업에 종사해온 인사들의 말을 분석해보면 2019년 기준으로 북한이 봉제 노동자를 통해 벌어들이는 외화는 한 해 2조 원이 넘는다. 북한은 가히 '세계 최대의 옷 공장'인 셈이다. 이는 유엔 안보리의 대북제재가 말만 요란한 쇼에 불과했음을 보여주고 있다. '소문'이나 '좌·우 이념'이 아니라 '팩트'에 입각해 북한을 이해하고자 하는 이들에게 이 책이 작으나마 도움이 되길 바란다.

PART 1

CJ의 MADE IN DPRK
판매보고서

01장

CJ는 어떻게 평양산 의류를 팔았을까?

　　유엔 안전보장이사회(안보리)는 북한의 핵·미사일 실험 도발에 대응해 2006년부터 2020년 5월까지 모두 10차례에 걸쳐 실질적으로 북한을 제재하는 결의를 채택했다. 2017년 한 해에만 전체 대북제재 결의의 절반에 가까운 4차례의 결의가 있었다. 2017년 북한의 핵·미사일 발사 실험이 쉼 없이 이어지자 이를 응징하겠다며 유엔 안보리가 고강도 대응을 했기 때문이다. 2017년은 그래서 그 어느 해보다 북한과 국제사회 간의 긴장이 고조된 시기였다.

　　2017년 4차례 대북제재 결의 가운데 9월 11일 채택한 결의 2375호는 유엔 안보리의 9번째 대북제재 결의였다. 바로 직전인 9월 3일 북한의 제6차 핵실험에 대응한 조치였다. 2375호의 주요 내용은 북한으로의 유류 공급을 30% 정도 차단하고, 북한의 섬유 제품 수출을 전면 금지하는 것이었다. 유류와 섬유 제품이 유엔 안보리의 대북제재 대상에 오른 것은 2375호가 처음이었다. 북한의 섬유 제품 수출 금지란 북한 노동자가 만든 모든 직물과 의류의 완제품과 부분품의 수출을 금지한다는 것이다. 즉 2017년 9월 유엔 안보리 대북제재 결의 2375호 채택 이후부터는 북한 노동자에게 섬유 제품을 만들게 해서 이를 수출하는 행위는 안보리 대북제재 결의 위반이 된다.

그런데 결의 2375호 채택 이듬해인 2018년 놀랍게도 한국의 대기업 CJ가 평양에서 만든 섬유 제품을 홈쇼핑 방송과 인터넷 쇼핑몰을 통해 판매했다. 어떻게 이런 일이 발생할 수 있었을까? 필자는 이번 사안을 확인하기 위해 CJ와 관련 업체 4곳의 관계자 9명, 대북 사업가와 전문가 4명 등을 상대로 2018년 12월부터 6개월 이상 장기간에 걸쳐 취재했다. CJ를 제외한 중소업체는 모두 익명 처리했다.

📖 '2018 가을' 기획 상품을 추진한 CJ오쇼핑

CJ그룹은 TV 홈쇼핑 채널, CJ오쇼핑을 보유하고 있다. CJ오쇼핑의 전신前身은 국내 최초의 TV 홈쇼핑인 홈쇼핑텔레비전HSTV이다. 1994년에 창립한 이 홈쇼핑 채널을 CJ그룹이 2000년에 인수해 상호를 CJ오쇼핑으로 바꾸었다. 2018년 CJ오쇼핑은 서울의 중소 의류제조업체 A사와 '2018 가을' 기획 상품 판매를 추진했다. 두 종류의 세트 상품으로 하나는 항공점퍼 1장과 티셔츠 3장으로 구성된 4종 세트 상품, 다른 하나는 야상점퍼 1장과 티셔츠 2장으로 구성된 3종 세트 상품이다. 전자는 '펠틱스Feltics'와 '제너럴 아이디어General Idea'의 컬래버collaboration, 공동작업 제품이다. 후자는 '키스 해링Keith Haring'의 제품이다. 각각 2만 점씩 제조해 CJ오쇼핑 방송을 통해 판매한다는 계획이었다.

펠틱스는 국내 기업이 운영하는 캐주얼 의류 브랜드이고 이와 공동작업한 제너럴 아이디어는 글로벌 디자이너로 인정받고 있는 한국의 최범석 디자이너의 브랜드이다.

CJ오쇼핑 홈페이지의 펠틱스-제너럴
아이디어 의류 홍보물

키스 해링은 1990년, 30대 초반의 나이로 숨진 미국의 미술가로 앤디 워홀과 함께 세계 3대 그라피티 아티스트로 불린다. 그라피티 아트graffiti art는 거리의 벽면이나 지하철 등에 그리는 낙서 미술이다. CJ오쇼핑은 2017년 8월 미국 뉴욕에 본사를 둔 키스 해링 재단과 라이선스 계약을 맺고 키스 해링 브랜드의 의류를 출시했다. 당시 CJ오쇼핑 측은, 키스 해링 브랜드로 의류를 출시한 것은 자사가 세계 최초라고 홍보했다. 기존에는 코치coach와 아디다스 등 글로벌 유명 브랜드에서 키스 해링 작품과 협업해 단발적으로 상품을 선보였다.

CJ오쇼핑 홈페이지이 키스 해링 의류 홍보물

즉 CJ오쇼핑은 세계적 예술가와 한국을 대표하는 디자이너의 디자인이 각각 들어간 점퍼 세트 의류를 '2018 가을' 기획 상품으로 판매하는 계획을 세웠다. CJ오쇼핑에 남은 일은 모든 기업이 그렇듯 최저 비용으로 좋은 제품을 만들어 최대 이익을 남기는 것이었다.

Ⅱ 중국에서 진행된 다단계 하청

CJ오쇼핑이 서울 A사와 계약한 이후, 두 종류 제품 생산 과정에 여러 단계의 하청이 있었다. 우선 서울 A사는 중국 장쑤江蘇성 장인江陰시에 있는 B사와 제품생산 계약을 체결했다. 상하이上海에 인접한 장쑤성은 의류생산 관련 업체가 밀집해 있다. 하지만 B사는 세트 상품 가운데 티셔츠만 생산하기로 하고 점퍼 생산은 랴오닝遼寧성 다롄大連시에 있는 C사에 하청을 줬다. 그리고 C사는 다시 북·중 접경 도시인 랴오닝성 단둥丹東시의 D사와 임가공 계약을 체결했다. 즉 CJ와 서울 A사가 계약한 이후 점퍼 생산과 관련해서는

서울 A사와 중국 B사가 2018년 5월 3일 체결한 물품구매 계약서

중국에서 B·C·D업체가 차례로 하청의 하청, 재再하청의 재하청 방식으로 계약을 맺어갔다.

단둥 D사 정문

그런데 단둥 D사는 수만 장의 의류를 제조할 능력이 되지 않는 소규모 업체였다. 다롄 C사 관계자가 D사 공장을 처음 찾았을 당시, D사에는 북한 노동자 수십 명이 일하고 있었다. D사 사장은 필자에게 "우리 공장은 북한 노동자 40여 명이 일하는 작은 공장이어서 일반적인 주문을 다 소화하기 어렵다. 그래서 평양의 봉제 공장과 임가공 계약을 맺고 일하고 있다. 주요 생산은 평양에서 한다."고 말했다. 이는 단둥에 있는 대부분의 의류업체가 의류생산 과정에서 채택하는 방식이다. 전 세계에서 가장 많은 북한인이 왕래하는 외국 지역이기에 가능한 일이다. 다롄 C사 관계자가 단둥 D사의 문을 노크할 당시, D사는 평양에 있는 공장과 함께 다른 제품을 생산하느라 분주한 와중이었다. 그러니 수만 장에 이르는 생산을 단둥 D사 단독으로 하는 것은 더더욱 불가능한 일이었다.

두 점퍼 생산을 위해 단둥 D사가 계약한 회사는 평양에 있는 E사였다. 단둥 D사는 평양 E사와 임가공 계약을 체결했고 이에 따라 평양 E사 공장에서는 원부자재를 받아 봉제 등 의류 제품을 완성하는 작업을 했다. 즉, 여러 단계의 하청을 거쳐 평양 E사 공장에서 최종적으로 완성품을 만들었다. 평양 E사는 키스 해링 야상점퍼와 펠틱스-제너럴 아이디어 항공점퍼, 총 4만 점을 '중국산' 라벨을 붙여 완성했다.

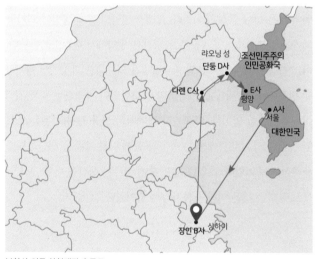

북한산 의류 하청제작 흐름도

필자는 평양 E사 공장 관련 사진 여러 장을 입수했다. 우선 단둥 D사와 평양 E사 공장 관계자 5명이 E사 안에서 촬영한 사진이 있다. '우리 인민이 받고 있는 혜택'이라는 제목의 커다란 게시판 앞에서 여성 2명과 남성 3명이 촬영했다. 제목 아래에는 고 김정일 국방위원장과 김정은 국무위원장의 지시 사항이 적혀 있다. 이들 5명은 E사 공장에서 만든 점퍼를 입고 사진을 찍었다. 왼쪽부터 2명은 키스 해링 야상점퍼를, 나머지 3명은 펠틱스-제너럴 아이디어 항공점퍼를 입고 있다. 두 종류 브랜드 의류를 만드는 데 직접 관여한 관계자는 이들 5명이 입고 있는 옷이 북한에서 만든 의류가 맞는다고 확인해줬다.

단둥 D사와 평양 E사 공장 관계자 5명이 평양 E사에서 촬영한 사진. 왼쪽부터 2명이 키스 해링 점퍼를, 나머지 3명이 펠틱스-제너럴 아이디어 점퍼를 입고 있다.

평양 E사 공장 노동자가 해당 제품과 함께 있는 사진도 있다. 이 사진에는 김일성·김정일 초상화가 그려진 배지를 가슴에 단 여성 노동자 두 명이 두 제품을 살피고 있는 모습이 담겼다. 노동자가 김일성·김정일 초상화 배지를 가슴에 달고 일하는 것은 북한 내에서나 볼 수 있는 모습이다. 또 다른 사진에서는 '김정일 애국주의를 구현하여 부강 조국 건설을 다그치자!' '주체조선의 태양 김정은 장군 만세!'라는 글자가 담긴 붉은색 바탕 팻말이 보이고 그 아래에서 북한 여성 노동자가 키스 해링 야상점퍼를 들고 있다.

펠틱스-제너럴 아이디어 항공점퍼를 살피고 있는 평양 E사 노동자

키스 해링 야상점퍼를 들고 있는 평양 E사 노동자

🄸 중국으로 밀수되는 평양 완제품

북한에서 만든 제품은 정상적으로는 중국의 세관을 통과해 나갈 수 없다. 그래서 밀수 루트를 이용한다. 평양 E사 공장에서 만들어진 두 종류의 점퍼는 모두 중국 랴오닝성 단둥으로 밀수됐

다. 밀수 과정은 다음과 같다. 평양 공장에서 완제품을 커다란 포대에 담는다. 포대에 담긴 완제품을 트럭에 실어 신의주 압록강 변으로 옮긴다. 이곳에서 기다리고 있던 밀수선으로 포대를 옮긴다. 밀수선은 압록강을 건너 단둥으로 향한다. 밀수선은 남들 눈에 띄지 않고 몰래 움직여야 하니 대부분 늦

평양 E사에서 보낸 완제품 포대가 단둥 D사 공장에 쌓여 있다. (2018년 9월 촬영)

은 밤이나 새벽에 이동한다. 밀수선이 단둥 압록강 변에 도착하면 현장에서 기다리고 있던 D사의 트럭으로 포대를 옮긴다. 트럭은 D사 공장으로 향한다. D사 공장 도착 시간은 보통 아침 시간대이다. 이와 같은 방법으로 평양 E사 공장에서 만든 키스 해링 야상점퍼와 펠릭스-제너럴 아이디어 항공점퍼는 2018년 9월과 10월 단둥 D사 공장으로 운반됐다. 필자는 당시 D사 공장에 도착한 밀수 포대를 찍은 사진을 확보했다.

키스 해링 완제품이 담긴 한국 수출용 상자가 단둥 D사에 쌓여 있다.

밀수 포대는 D사 공장 완성반으로 보내져 포대 속 안제품 수량이 맞는지부터 확인한다. 제품 상태에 대한 검사 후, 문제가 없으면 곧바로

다림질 작업에 들어간다. 이후 최종 검사를 마친 뒤, 제품을 개별 포장하고 수출용 상자에 담아 마무리한다. 이렇게 포장이 마무리된 제품은 수출항으로 이동한다. 펠틱스-제너럴 아이디어 항공점퍼는 단둥항에서 수출 절차를 거쳐 인천항으로 수입됐다.

🔢 중국산으로 둔갑한 북한산 의류

서울 A사가 펠틱스-제너럴 아이디어 항공점퍼 약 2만 점을 수입한 시점은 2018년 9월과 10월이다. 당시 수입면장을 보면 이들 제품은 모두 중국산으로 기재됐다. 이렇게 중국산으로 둔갑한 제품은 9월과 10월 CJ오쇼핑 방송을 통해 팔렸다. 홈쇼핑 방송을 통해 1만 7,000점이 팔렸고 방송에서 팔리지 않은 나머지 재고는 인터넷 쇼핑몰인 CJ mall을 통해 팔렸다고 CJ 측은 밝혔다. 펠틱스-제너럴 아이디어 항공점퍼와 달리 키스 해링 야상점퍼는 품질 미흡과 납기 지연 등의 문제가 발생하여 당시 A사는 구입하지 않았고, 이에 따라 CJ오쇼핑에서도 판매되지 않았다. 키스 해링 점퍼 2만 점은 D사 공장 등 중국에 남게 됐다. 필자는 단둥 D사 공장에 보관 중인 키스 해링 점퍼 사진도 입수했다.

필자는 북한 노동자가 만든 두 종류의 점퍼를 서울에서 직접 확인했다. 두 제품 모두 옷 라벨을 보면 '세탁 및 취급 시 주의사항' 표기 아랫부분에 '2018년 8월 중국에서 제조했고 서울 A사가 제조원이자 판매원'이라는 내용이 표시돼 있다. 옷만 놓고 본다면 영락없이 한국의 의류기업이 2018년 8월 중국에서 만들어 들여온 제품인 셈이다.

평양에서 만든 펠틱스-제너럴 아이디어 항공점퍼(좌)와 키스 해링 야상점퍼(우)

평양에서 만든 펠틱스-제너럴 아이디어 점퍼가 CJ오쇼핑 방송에서 처음 소개된 것은 2018년 9월 14일이었다. CJ오쇼핑은 이 제품을 10월까지 여러 차례 방송 판매했다. 홈쇼핑 방송에서 쇼핑호스트가 입고 소개하는 방송용 모델 의류는 보통 특별 제작된다. 가장 우수한 제품을 방송으로 보여줘야 하기 때문이다. 이로 인해 펠틱스-제너럴 아이디어 점퍼의 방송용 제품을 평양에서 만드는 문제를 놓고 업체 간에 내부적 논란이 있었다.

2018년 9월 14일 CJ오쇼핑 방송 화면. 이날부터 펠틱스-제너럴 아이디어 항공점퍼 판매를 시작했다.

2018년 8월 16일 휴대전화 메신저를 통해 B사 관계자는 C사 관계자에게 "홈쇼핑 방송으로 나가는 모델 의류는 반드시 특별 제작돼야 하니 절대로 평양 공장에서 만들지 말라."고 요청했다. 그러면서 "평양으로 보낸 원부자재를 다시 돌려받아서라도 중국에서 만들라."며 방송에서 소개할 펠틱스-제너럴 아이디어 143장의 리스트를 보냈다.

하지만 이 요청은 받아들여지지 않았다. 제작 일정이 늦어지는 바람에 평양에서 원부자재를 돌려받아 작업하는 것은 불가능한 일이었다. 어쩔 수 없이 평양산 제품으로 방송해야 했다. 이마저도 시간이 촉박했다. 우선 평양 E사에서 급하게 만든 '방송용' 펠틱스-제너럴 아이디어 항공점퍼 70장이 단둥 D사로 보내졌다. 이들 제품은 2018년 9월 6일 단둥에서 국제우편

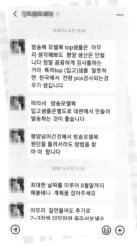

2018년 8월 16일 중국 장인 B사 측이 다롄 C사 측에 보낸 메신저 내용

을 통해 서울에 도착했다. 이런 식으로 평양에서 만든 '방송용' 펠틱스-제너럴 아이디어 남·녀 항공점퍼 143장이 차례로 서울에 도착했다. 쇼핑호스트들은 CJ오쇼핑에서 이 제품을 입고 중국산이라고 소개했다. 당시 화면에는 남·녀 쇼핑호스트 2명이 '중국에서 만든' 항공점퍼의 장점을 열심히 설명하는 모습이 담겼다.

펠틱스-제너럴 아이디어 항공점퍼 70장을 단둥에서 서울로 보낸 항공우편물 송장
(2018년 9월 6일)

Ⅱ 생산 일정 차질로 중국에 모인 4개 업체 직원

2018년 9월 14일부터 CJ오쇼핑 방송을 통해 펠틱스-제너럴 아이디어 항공점퍼 판매를 시작했지만, CJ오쇼핑과 서울 A사 그리고 중국의 B·C·D사 모두 애가 타고 있었다. 작업 일정에 차질이 빚어지면서 평양 E사에서 만든 완제품이 단둥 D사로 넘어오는 과정에 시간이 오래 걸려서다. 이로 인해 물건을 충분히 확보하지 못한 채 방송을 진행했다. 게다가 10월 말 방송 판매를 계획했던 키스 해링 야상점퍼마저 생산 일정이 불투명했다.

문제가 심각해진 상황에서 A·B·C사 관계자가 모두 단둥 D사로 집결했다. 단둥 D사 사장은 작업을 독촉하기 위해 평양 E사 공장으로 출장을 갔다. 2018년 9월 19일 평양 E사 공장에서 처음으로 만든 키스 해링 야상점퍼 초두 제품(시제품)이 단둥 D사 공장에 도착했다. E사 공장에서 처음 제작한 초두 제품을 D사 공장으로 보내며 '이렇게 만들면 되겠는가? 수정 사항이 있는가?'를 묻는 마지막 진행 과정이었다. 그 자리에서 서울 A사와 중국 장인 B사 관계자가 수정 사항을 지시했고, 다롄 C사 관계자가 평양에서 보내온 초두 제품 옷에 이러한 사항을 일일이 매직펜으로 적었다.

평양 E사에서 제조한 키스 해링 완제품에 매직펜으로 표기한 수정 사항

수정 사항 표시 가운데 '이새 없이'란 바느질한 부분이 쭈글쭈글하지 않게 깔끔하게 처리하라는 뜻이다. 또 '혼솔'은 옷 솔기(옷의 두 폭을 맞대고 꿰맨 줄)에서 속으로 접혀 들어간 부분인 '시접'을 의미하는 것으로 북한에서 시용하는 던이라고 한다. 단둥 D사의 평양 담당 북한 여성이 '혼솔'의 뜻을 설명하자 서울 A사와 장인 B사, 다롄 C사 관계자 모두 웃었다고 C사 관계자는 말했다.

그리고 평양 E사 공장에 간 단둥 D사 사장은 A·B·C·D사 관계자와 작업 진행에 관련한 의견을 수시로 나눴다. 이러한 소통은 D사 사장과 D사 직원과의 전화 통화 또는 메신저 대화 방식으로 이뤄졌다.

펠릭스-제너럴 아이디어 항공점퍼 판매 방송은 CJ오쇼핑에서 9월 14일부터 시작했지만 충분한 물량의 완제품은 아직 서울에 도착하지 않은 상태였다. 이 때문에 단둥 D사로부터 급히 물건을 가져와야 했다. 서울 A사는 9월 17일 300장, 9월 18일 107장, 9월 20일 430장, 9월 27일 677장 등 모두 1,485장의 완제품을 비행기로 핸드 캐리hand carry해야 했다고 밝혔다.

🄷 북한 측 생산 일지에 적힌 입고·출하 내역

평양 E사는 두 종류의 브랜드 점퍼 제조를 위해 원자재를 언제 받았는지, 완제품은 언제 단둥으로 보냈는지 '생산 일지'도 작성했다. 생산 일지를 보면 두 브랜드의 완성품을 단둥으로 출하한 때는 2018년 9월과 10월이었다. 키스 해링 제품은 9월 12일과 18일에 원단 등 자재를 받았고 이후 완성품은 9월 30일과 10월 5일, 9일, 11일, 13일, 15일 등 총 6차례에 걸쳐 단둥 D사에 보낸 것으로 돼 있다.

제품 출하 단위로 '짝'을 표기하고 있는데 이는 의류를 담는 포대를 의미한다. 예를 들어 9월 30일 '33짝 2,637매'의 의미는 한 포대에 80장씩, 33개 포대에 총 2,637장의 의류를 담았다는 뜻이다. 북한에서는 뜨개질한 옷 따위를 세는 단위로 매枚를 사용한다.

단둥 D사 창고 안에 쌓인 펠틱스-제너럴 아이디어 밀수품 포대

평양 E사 공장에서 단둥 D사 공장으로 이송한 키스 해링 야상점퍼는 17,349장이고 이 중 3,000장은 품질 하자로 수선을 위해 E사 공장에 일시 보관해두고 있었다. 평양 E사 공장에 남은 의류까지 더하면 북한 노동자는 키스 해링 브랜드 야상점퍼를 총 20,349장 생산했다.

펠틱스-제너럴 아이디어 항공점퍼는 2018년 9월 11일, 14일, 18일 3차례에 걸쳐 총 19,269장이 단둥 D사 공장으로 밀수됐다. 그리고 D사 공장에서도 북한 노동자가 자체적으로 점퍼를 731장 만들어 총 20,000장을 생산했다.

평양 E사가 작성한 제품 입고 및 출고 일지

02장

CJ와 관련 기업의 해명

① CJ와 서울 A사의 발뺌

두 종류 점퍼의 평양 공장 제조 사실과 관련해 CJ오쇼핑과 A·B·C·D사의 입장은 무엇일까? 서울 기업은 부인하고 중국 기업은 시인했다. CJ오쇼핑과 서울 A사는 비슷한 해명 방식을 보였다. 처음엔 평양 작업 사실을 '허위 제보'라며 부인하다 나중엔 "우린 몰랐다. 우리도 당했다."는 논리를 펼쳤다.

우선 서울 A사는 당초 "북한산이라니… 말도 안 된다. 누군가 돈을 뜯어내려고 허위 제보한 것이다. 혹시나 해서 하청업체에게도 알아봤는데 마찬가지 답변을 받았다. 중국에서는 서류 조작이 얼마든지 가능하다고 한다. 이처럼 조작된 증거를 갖고 협박하는 것이다. 여기에 속지 말라."고 강하게 부인했다. 하지만 이후 필자가 사실관계를 확인하면서 믿을 수 있는 관련 증거를 상당수 확보했다고 하자 해명이 바뀌기 시작했다. "그게 사실이라면 우리는 정말 몰랐다. 모두 우리 모르게 하청업체가 한 일"이라고 중국 장인시의 B사에 책임을 넘겼다.

CJ 측도 처음엔 증거 조작을 통한 허위 제보 가능성을 주장했다. 그러다 나중엔 "서울 A사가 해당 제품의 기획과 제조를 맡아 우리에게 위탁판매를 의뢰했다. A사가 제출한 서류에는 해당 제품 모두 중국산으로 기재되어 있었다. 우리가 해당 제품의 북한 제조 여부에 대해 인지하거나 의심할 수는 없었던 상황이다."라고 해명했다. 키스 해링 의류에 대해서도 서울 A사에 책임을 넘겼다. "키스 해링 브랜드는 우리가 국내 라이선스를 취득했지만, 제조와 판매에 대한 권한을 모두 A사에 일정 기간 양도했다. 우리가 '100장 찍어라. 1,000장 찍어라.'하고 요구할 수는 없는 노릇이다. 심지어 해당 브랜드에 대한 라이선스 사용을 A사 쪽에 허가해준 이상, 이 제품을 다른 유통채널을 통해 판매하는 것도 우리는 막을 수 없다. 키스 해링의 국내 라이선스를 A사 측에 제공했고 이를 토대로 A사가 제품을 만들어 우리를 통해 판매한 것이다." 한마디로 "북한 관련성을 전혀 몰랐다. 키스 해링 제품도 서울 A사가 알아서 한 일이고 우리는 TV 홈쇼핑으로 판매 방송만 해줬다."는 것이다.

🕐 서울 A사에 책임을 떠넘기는 CJ

북한 관련성은 뒤에서 자세히 살펴보고 우선 "키스 해링 브랜드의 의류 제조와 판매 권한을 모두 A사에 넘겼다."며 서울 A사의 책임을 강조하는 CJ의 해명부터 살펴보자. 이는 2017년 키스 해링 브랜드 의류 론칭을 이틀 앞두고 CJ가 오쇼핑 홈페이지에 홍보한 내용과 비교된다. CJ오쇼핑은 2017년 10월 12일 홈페이지에 〈CJ오쇼핑, 아티스트 '키스 해링' 패션 브랜드로 만든다〉라는 제목의 글을 게재했다. 다음은 이 글의 한 구절이다. "CJ오쇼핑은 키스 해링 브랜드 론칭을 2년 넘게 준비해 왔다. 뉴욕의 키스 해링 재단과 하루 평균 2회 이상 연락을 주고받으며 상품 기획부터 방송 준비까지 세밀히 협의했다. 상품 기획 초기에 재단이 키스 해링의 작품을 제안하면 CJ오쇼핑 담당 MD는 작품의 내적 의미까지 철저히 분석하는 과정도 거쳤다."

세계적 아티스트의 브랜드를 이처럼 철저하게 준비한 CJ가 제품 제조와 판매 과정에는 관여하지 않고 서울 A사에만 맡겼다고 하는 것은 설득력이 약하다. 실제로 CJ가 키스 해링 의류 제조와 판매 과정에 적극적으로 개입했다는 사실이 이번 사안과 관련된 여러 업체 관계자의 증언과 기록을 통해 확인됐다.

펠틱스-제너럴 아이디어 항공점퍼를 어떻게 만들라는 작업지시서를 최종적으로 승인한 것도 CJ였다. CJ는 2018년 7월 27일 작업지시서 승인approval을 내줬고, 해당 제품에 승인을 의미하는 목걸이를 달아 서울 A사로 보냈다. 이는 단둥 D사로 모두 그대로 전달됐다. 키스 해링 야상점퍼도 이와 같은 방식으로 CJ가 최종 승인한 모델이 나온 이후 생산에 돌입했다.

2018년 7월 27일 CJ가 최종 승인한 항공점퍼 모델

CJ의 최종 승인 표시가 담긴 메달

⑪ 중국 하청업체 3곳 모두 평양 작업 시인

CJ·A사 등 한국 기업과 달리 중국 하청업체 B·C·D사는 모두 평양 작업을 시인했다. 장인 B시 관계자는 "서울 A사는 생산 단계에서 평양 작업 사실을 잘 알고 있었다. 나는 단둥 D사 공장에서 서울 A사 차장과 만나 평양 작업 상황에 대해 수시로 소통했다. A

사는 북한 작업이 문제 되니까 이제 와서 몰랐다고 오리발 내미는 것"이라고 말했다.

다롄 C사 관계자는 "장인 B사 측이 애초에 임가공비로 제시한 가격은 1장당 3달러us 아래였다. 너무 낮았다. 2018년 5월 당시 단둥에서의 점퍼 1장당 임가공비는 5.5달러였다. 3달러는 중국 어디에서도 불가능했다. 감옥의 죄수를 동원해 일하는 공장에서도 불가능했고 북한 노동자가 일하는 단둥의 공장에서도 불가능했다. 오직 북한 내에서나 가능한 작업이었다."고 말했다. 그래서 그는 이런 사실을 장인 B사 측에 알리고 북한 내 작업에 대한 동의를 구한 뒤 단둥 D사와 일을 추진하게 됐다고 말했다.

다롄 C사 관계자는 필자에게 단둥 D사와 2018년 5월 23일 체결한 계약서를 제시했다. 펠틱스-제너럴 아이디어 항공점퍼 2만 장 제작과 관련한 계약서였다. 점퍼 1장당 19.2위안에 계약했다. 19.2위안이면 2.79달러(약 3,300원)이다.

단둥 D사가 평양 E사와 계약한 금액은 점퍼 1장당 1.5달러(약 1,800원)였고, 운반비로 0.5달러가 들어갔다. 즉 단둥 D사는 평양 E사와 점퍼 1장당 2달러(약 2,400원)를 지급하는 계약을 체결했다. 그런데 이는 비수기 때 생산하는 조건이었다. 생산 일정에 차질이 생겨 자꾸 뒤로 늦춰져 성수기에 생산이 이뤄지면서 임가공비 상승 요인이 발생했다. 당초 계약의 변동이 불가피했고 이로 인해 업체 간 갈등이 심해졌다. 이는 뒷부분에서 자세히 살펴본다.

다롄 C사와 단둥 D사가 2018년 5월 23일 체결한 계약서

　　다롄 C사 관계자는 또 "서울 A사 차장이 단둥 D사 공장에 왔을 때 같이 있었다. A사 차장은 D사 직원과 평양 작업에 대해 수시로 대화를 나눴다. 북한 노동자와도 허물없이 지냈다. 그런데 A사가 몰랐다고 하는 건 거짓말이다."라고 말했다. 또 CJ에 대해서도 "CJ도 상하이에 있는 CJ 법인에서 단둥 D사 공장에 대한 검사를 나와 조사를 벌여서 모든 사실을 다 알았다."며 "이제 와서 문제가 되니까 몰랐다고 우기는 것"이라고 말했다.

　　단둥 D사 관계자 역시 "서울 A사 차장이 2018년 9월 우리 공장을 찾아 며칠 머물면서 북한 노동자와 친하게 어울리고 평양 작업 상황에 대해서도 꼼꼼하게 체크했다. A사 차장은 특히 북한 여성 노동자 가운데 한 명을 거론하며 마음에 들어 했다. 그래서 이 여성에게 수작을 걸기도 했다. 그런데 평양 작업을 몰랐다는 게 말이 되나?"라고 주장했다.

　　서울 A사 차장은 2018년 9월 13일 출국해 단둥 D사 공장에 머물다 9월 20일 귀국한 것으로 확인됐다. 중국 B·C·D사 관계자 모두 서울 A사 차장이 단둥 D사 공장에서 머무는 동안 평양 작업 사실을 잘 알았다고 입을 모았다. 이에 대해 A사 측은 "차장이 출장 간 것은 사실이나 이번 사안과 관련해 평양 작업이라는 사실은 한 번도 보고한 적이 없다. 만일 그런 사실이 있었다면 그가 회사를 속인 것이다. 그런데 그는 2019년 초, 설 연휴를 앞두고 입사 1년을 채우자마자 돌연 사표를 내고 회사를 떠나버렸다. 이후로 전화를 해도 받지 않고 있다. 그래서 이 부분에 대해 우리도 이상하게 여기고 있다."라고 답했다. 즉 A사 차장이 단둥 출장을 다녀오긴 했지만 북한 작업 사실을 보고하지 않았고 이후 문제가 불거지자 돌연 퇴사했다는 설명이다.

이와 관련해 필자는 서울 A사 차장과 접촉했지만, 그는 단둥 출장 중 북한 노동자와 교류가 있었는지, 평양 작업 상황에 대해 대화를 나눈 적이 있는지, 갑자기 퇴사한 이유는 무엇인지 등 북한과 관련한 여러 질문에 대해 '노코멘트'라며 답변을 거부했다.

Ⅰ 북한이 아닌 헤이룽장성에서 제조되었다?

중국의 3개 하청업체는 평양 제조에 대해 일치된 의견을 내놓았지만, CJ와 서울 A사는 처음엔 "허위 제보"라 주장하다가 이후엔 "우리도 몰랐다. 당했다."는 주장을 전개했다. 두 회사의 주장은 과연 사실일까? CJ와 서울 A사는 과연 생산을 의뢰한 기업에 당하기만 한 것일까?

CJ와 서울 A사는 북한 관련 사실을 몰랐다는 주장의 근거로 "북한이 아니라 중국 헤이룽장성黑龍江성에서 생산이 이뤄지는 것으로 알았다."는 논리를 공통으로 펼쳤다. 그 근거로 CJ는 내부 보고 자료를, 서울 A사는 메신저의 단체 대화방 기록을 제시했다.

서울 A사 측은 "우리 모두 중국 장인시의 B사에 속았다."며 메신저 단체 대화방에서 나눈 대화 기록을 공개했다. 서울 A사가 제시한 단체 대화방 기록은 2018년 8월과 9월 A사 관계자 7명, 그리고 B사 관계자 2명으로 이뤄진 대화 내용을 담고 있다. 9명의 대화방에는 서울 A사와 중국 장인 B사 양측의 임원과 실무진이 포함됐다. 이 대화방에서 장인 B사 관계자는 단둥의 D사 외 헤이룽장성 공장에서 생산이 이뤄

서울 A사와 중국 장인 B사 관계자 9인의 메신저 단체 대화방. 상단의 '강음'은 '장인(江陰)'이다. A사 제공

지고 있다는 취지로 언급했다. 그리고 헤이룽장성 공장에서 언제 물건을 보낼 것인지 서로 대화하는 내용이 담겼다. 서울 A사 측은 "이렇게 장인 B사 측이 헤이룽장성 공장에서 대부분 생산을 하고 있다고 말하니 우리로서도 그렇게 믿을 수밖에 없었다. B사가 우

리를 속였고 우리는 당했다."고 주장했다.

그리고 서울 A사가 이러한 내용을 공개하기 바로 직전 CJ에서도 필자에게 비슷한 증거를 제시했다. "헤이룽장성에서 작업이 이뤄졌다."는 내용이 담긴 이메일과 내부 보고 자료였다. 중국 상하이에 있는 CJ 자회사, CJ IMCInternational Merchandising Company의 직원이 작성한 것이었다. CJ IMC는 CJ와 관련된 제품을 만드는 중국 공장에 대해 생산에 적합한 공정인지 심사를 하고, 생산 제품의 품질과 상황에 대해서도 검사하는 기능을 수행하고 있다.

상하이 CJ IMC에서는 2018년 8월 24일과 9월 4일 단둥 D사 공장에 검사원을 보내 제품 생산이 제대로 이뤄지고 있는지를 검사했다. 당시 검사원은 현장을 다녀와 각각 1장짜리 보고서를 제출했다. 8월 24일 검사보고서에서 검사원은 "재단과 봉제의 대부분 작업을 헤이룽장성에서 한다."고 기록했고 9월 4일 검사 보고에서는 "제품의 95%를 헤이룽장성 공장에서 한다."는 내용을 적었다. CJ는 이러한 보고서를 근거로 헤이룽장성에서 생산한다고 보고가 돼 있어 "북한 관련성을 알 수 없었다."고 주장했다.

CJ 상하이 법인 검사원이 2018년 8월 24일과 9월 4일에 작성한 보고서

🜲 언급되지 않는 헤이룽장성의 공장 이름

상하이 CJ 검사원의 보고에는 이상한 부분이 있다. 우선 헤이룽장성은 성의 총면적이 45만 ㎢로 중국 전 국토의 4.7%를 차지한다. 한반도의 2배 이상 되는 면적이다. 그런데 구체적으로 어느 도시의 어떤 공장에서 생산하는지에 대한 언급이 전혀 없다. 이는 마치 한반도에서 생산한다고 말하는 것과 똑같다. 또 대부분의 생산을 단둥 D사 공장이 아니라 헤이룽장성 공장에서 한다고 했는데 단둥의 그 작은 D사 공장에 대해 3차례나 검사를 나갈 동안, 정작 헤이룽장성의 공장에 대해서는 1차례도 검사하지 않았다.

이러한 문제 제기에 대해 CJ 측은 "공장에 대한 평가는 이미 6월에 끝났다. 그 이후에는 제품이 잘 나오는지가 관건이었다. 중국 내 공장에서 작업한 제품이 잘 생산되고 있는지를 중심으로 판단했다."고 해명했다.

CJ 검사원은 보고서에 왜 헤이룽장성을 언급했을까? 필자는 단둥 D사 공장에서 2018년 8월과 9월 해당 검사원을 수행했던 복수의 관계자로부터 당시 상황을 취재했다. 다롄 C사 관계자는 CJ의 검사원이 단둥 D사 공장을 방문했을 때의 상황을 다음과 같이 설명하며 헤이룽장성 생산 주장은 날조된 것이라고 말했다.

8월 CJ 검사원이 오기로 한 바로 전날, B사와 C사 관계자는 D사 공장 사장에게 "지금 하는 모든 작업을 중단하고 펠틱스-제너럴 아이디어 점퍼 준비 작업을 해달라."고 요청했다. D사 사장은 반발했지만, 검사를 통과해야 하니 어쩔 수 없다며 설득했다. 그래서 재봉틀 라인에 펠틱스-제너럴 아이디어 항공점퍼 작업을 하는 것처럼 급하게 준비했다.

8월 24일 공장 검사를 나온 검사원은 공장 라인을 둘러보면서 완제품이 어디 있냐고 물었다. B사 관계자는 "다른 공장에서도 만들고 있는데 며칠 내 도착할 예정"이라고 답했다. 그러자 검사원은 "어느 공장이냐"고 재차 물었고 B사 관계자는 지린성에 있는 공장이라고 거짓말했다. 그러자 검사원은 "내가 직접 가봐야겠으니 공장 위치를 알려 달라."고 말했다. 이런 설명을 듣고 있던 다롄 C사와 단둥 D사 관계자는 "도저히 안 되겠다. 사실대로 말하라."고 권유했고 결국 B사 관계자는 검사원을 데리고 조용한 사무실로 가 평양 작업 사실을 실토하게 됐다. 해당 검사원은 9월에도 D사 공장을 방문했다. 완제품 상태를 확인하기 위한 목적이었다. 당시 D사 공장에는 평양에서 들어온 완제품과 샘플 완제품 등 완제품 수십 장이 있어 검사원은 이를 상대로 검사했다. 다롄 C사 관계자는 이렇게 설명하면서 헤이룽장성 이야기가 왜 나왔는지 모른다고 말했다.

헤이룽장성 보고의 경위에 대해서는 장인 B사 관계자를 통해 알 수 있었다. 다음은 B사 관계자의 설명이다. 8월 검사 당일 검사원이 제품 생산이 어디서 이뤄지는지 캐묻자 B사 관계자는 대부분 작업이 평양에서 이뤄진다는 사실을 말할 수밖에 없었다. 그러자 검사원이 "그럼 그렇게 사실대로 보고하겠다. 단둥 대부분 공장이 다 그렇게 하고 있으니 별문제 없을 것이다."라고 말했다. 이에 B사 관계자는 "그렇게 보고하면 안 된다."며 중국 공장으로 해달라고 간절히 부탁했다. 그러자 검사원은 "좋다. 그렇게 하자. 대신 중국 공장으로 할 거면 우리 검사원이 출장 가서 확인하지 않을 곳으로 해야 한다. 그러려면 헤이룽장성의 공장에서 생산한다고 해야 한다. 그렇게 보고하겠다."고 말했다. 즉 검사원을 설득해 생산 공장을 북한이 아닌 헤이룽장성으로 허위 보고하게 됐다는 증언이다.

그런데 그렇다고 해서 CJ와 서울 A사가 북한 작업을 몰랐다고 할 수 있을까? CJ IMC의 검사는 두 검사에 몇 달 앞서 2018년

6월에도 있었다. 당시 보고서를 보면 북한과의 관련성을 부인하는 양사의 주장은 더욱 설득력을 잃게 된다.

Ⅰ⁻ CJ 심사보고서에 명시된 북한 작업자 공장

필자는 2018년 6월 20일 CJ오쇼핑 품질보증센터Quality assurance center에서 작성한 보고서를 입수했다. 엑셀 파일로 된 보고서는 상하이의 CJ IMC 직원이 6월 18일 단둥 D사 공장을 찾아 공장 심사를 벌인 이후 작성한 것이다. 이 검사원은 8월과 9월 검사 때 공장을 찾았던 검사원과는 다른 중국인이다. 심사보고서에는 D사 공장에 대한 자세한 정보를 담고 있다. 심사 결과 단둥 D사 공장은 B등급을 받았다. 이러한 심사에서 B등급을 받는다는 것은 시설이 상당히 우수하다는 것을 의미한다. "D사처럼 작고 허름한 공장이 B등급을 받는다는 것은 뜻밖"이라고 단둥 D사 공장을 아는 여러 관계자가 말했다.

이 보고서 첫 장의 요약 부분 제일 앞에서 단둥 D사를 "주로 한국과 유럽, 중국 내수 작업을 하는 북한 노동자 80명 안팎이 일하는 공장"으로 소개했다. 또한 "공장에서 작업하는 제품 일부는 북한에서 봉제 작업 후 본 공장에서 완성 작업을 하고 있다."라고 적시돼 있다.

CJ O shopping Factory Evaluation

2018년 6월 20일 작성한
CJ오쇼핑의 D사 공장
평가보고서 표지

D사 공장 평가 요약내용 중 북한을 언급한 부분

CJ와 같은 글로벌 기업은 자사 관련 상품을 만드는 공장에 대해 철저한 공장 검사와 생산 공정 검사를 한다. 2018년 6월 단둥 D사 공장에 대해 실시한 공장 심사는 CJ오쇼핑에서 판매하는 제품을 생산하는 공장이 CJ 기준에 적합한 생산 시스템을 갖추고 있는지에 대한 심사였다. 그런데 그 평가보고서 제일 첫머리에 북한 노동자가 일하는 공장이고 일부 제품은 북한으로 보내져 만들어진다는 사실이 명시됐다.

Ⅲ 발뺌하던 CJ 다시 말을 바꾸다

CJ 측은 처음엔 필자에게 "단둥 D사 공장에 대한 평가보고서가 있긴 하지만 북한과 관련된 어떠한 내용도 담기지 않았다."고 말했다. 하지만 이후 필자가 보고서 입수 사실과 더불어 북한 관련 내용을 언급하자 말을 바꿨다. "보고서 안에 그러한 내용이 있는 것을 지금에야 보고서를 살펴보고 알게 됐다. 당시에는 단둥 D

사 공장이 심사 결과 B등급을 받아 생산이 충분히 가능하다는 사실이 중요해 보고서의 세부 내용을 자세히 살펴보지 않았다."고 언급했다. 북한 관련성이 담긴 보고서의 존재를 부인했던 것은 서울 A사도 마찬가지이다.

상하이 CJ IMC는 해당 보고서를 CJ 서울 본사와 서울 A사에 똑같이 보냈다. 그런데 서울 A사 측은 이러한 보고서를 이메일로 받은 사실이 있는지를 묻는 필자의 질문에 대해 "CJ로부터 B등급 나온 사실만 통보받았고 보고서를 받은 사실은 없다."고 답했다. 북한 관련성을 감추기 위해 거짓말을 한 것으로 추정된다.

이뿐만 아니라. 메신저 단체 대화방에서 서울 A사 관계자가 평양 생산에 대해 언급하는 내용이 다수 확인됐다. 이 단체 대화방은 앞서 서울 A사가 필자에게 제시했던 메신저 단체 대화방과 같은

서울 A사와 장인 B사 9인의 메신저 단체 대화방. A사 측이 평양을 언급하고 있다.

구성원으로 이뤄졌다. 즉 서울 A사와 중국 장인 B사의 임원과 실무진 등 총 9명이 참여한 대화방이다. 대화방에서는 2018년 9월

평양에서 만든 제품이 언제 얼마나 오는지와 관련해 긴박하게 논의하고 있다.

ⓘ 북한 노동자 생산 시설임을 인지하고 있었던 CJ와 A사

CJ와 서울 A사가 북한 작업 사실을 일찌감치 알고 있었던 결정적 증거는 또 있다. 단둥 D사 평가보고서가 나온 바로 다음 날인 2018년 6월 21일 상하이 CJ 법인에서는 CJ 서울 본사와 서울 A사 관계자 여러 명에게 이 평가보고서를 이메일로 보냈다. 이메일에서 상하이 CJ 관계자는 단둥 D사 공장 평가 결과를 B등급이라고 알리면서 '본 공장은 북한 작업자 공장으로 라인 사진 촬영은 금지'라고 덧붙였다. 즉 이미 2018년 6월에 단둥 D사 공장이 북한 작업자 공장이고 북한에서도 생산이 이뤄진다는 사실을 CJ와 서울 A사 모두 잘 알고 있었다.

CJ 상하이 법인 측에서 2018년 6월 21일 CJ 서울 본사와 서울 A사에 보낸 이메일

서울 A사는 이 보고서를 바로 다음 달인 7월 5일 중국 장인 B사에 이메일로 보냈다. 그리고 이날 장인 B사는 다롄 C사 관계자에게 평가보고서를 이메일로 보내면서 본문에 이렇게 썼다. "북한 노동자들이 작업하는 공장이라 현장 사진에서 인원이 나오지 않게 촬영됐다고 보고됐다." "북조선 공장임을 상부에 보고하였으니, 이후는 별문제 없을 것으로 생각됨"

2018년 7월 5일 장인 B사 측이 다롄 C사 측에 보낸 이메일

서로 엇갈리는 주장이 많아 복잡하지만, 증거를 통해 확인한 것만 정리하면 이렇다. CJ는 2018년 서울의 의류 제조업체 A사와 계약을 맺고 두 종류의 점퍼를 CJ오쇼핑 채널을 통해 팔기로 했다. 세계적 예술가 '키스 해링'의 브랜드와 국내 유명 디자이너의 브랜드 '제너럴 아이디어'가 들어간 점퍼였다. 서울 A사는 제품을 저렴하게 생산하기 위해 중국의 제조업체를 찾았다. 중국에서는 장인 B, 다롄 C, 단둥 D사로 차례로 다단계 하청을 거쳤다.

그런데 북·중 접경 지역, 단둥에 있는 D사는 북한 노동자가 일하는 소규모 공장으로 평양의 E사와 계약을 맺고 주로 평양에서 제품 생산을 해오고 있었다. 중국 상하이에 있는 CJ의 자회사는 단둥 D사 공장이 생산에 적합한 공장인지 알아보기 위해 심사해 보고서를 작성했다. D사 평가보고서에는 북한 노동자가 일하고 있고, 북한 내에서 완제품 생산도 한다는 내용이 제일 첫머리에 담겼다.

이 보고서는 CJ 서울 본사와 서울 A사로 전달됐다. 보고서 제출 이후 제작 허락이 떨어졌고 평양의 E사 공장은 두 종류의 점퍼 4만 장을 만들었다. 제품 생산 과정에 서울 A사와 중국 업체들은 평양 작업 상황에 대해 수시로 대화를 나눴다. 국내 유명 디자이너의 브랜드가 들어간 펠틱스-제너럴 아이디어 항공점퍼 2만 장은 2018년 9월과 10월 CJ오쇼핑과 CJ몰을 통해 팔렸다. 하지만 키스 해링 야상점퍼 2만 점은 품질과 납기 문제가 발생해 완제품이 한국으로 들어오지 못하고 중국에 남았다.

키스 해링 완제품을 수출용
상자에 포장해 보관하고 있는
단둥 D사 창고

단둥 D사 창고에 보관 중인
키스 해링 완제품 포장 상자

이번 사안과 관련해 중국의 3개 업체는 모두 평양 작업을 시인했지만, CJ와 서울 A사는 "우리는 몰랐다."고 주장했다. 하지만 2018년 6월 작성된 단둥 D사에 대한 평가보고서, 그리고 관련 업체끼리 주고받은 이메일과 메신저 등의 내용을 종합적으로 살펴보면 양사는 해당 제품을 북한 노동자가 제조한다는 사실을 사전에 잘 알고 있었다. 그런데 2018년 북한 노동자가 만든 제품은 펠틱스-제너럴 아이디어와 키스 해링 브랜드의 점퍼만이 아니었다.

단둥 D사 공장의 북한 노동자

03장

북한 노동자가 만든 세계 각국의 의류 브랜드

📖 한·중 의류 브랜드를 생산한다고 적힌 CJ 보고서

우선 2018년 6월 작성된 CJ IMC의 단둥 D사 평가보고서를 꼼꼼하게 살펴보면 여러 종류의 브랜드를 확인할 수 있다. 보고서 첫 페이지에는 단둥 D사 공장에 대해 "주로 한국과 유럽, 중국 내수 제품을 생산하고 있다."고 기록하고 있다. 특히 단둥 D사 공장의 연간 매출액을 분석하면서 "'리닝李宁, LINING' 30만 장, '베이직하우스 BASIC HOUSE' 5만 장, '안타安踏, ANTA' 2만 장"이라고 기록했다. '리닝'과 '안타'는 중국을 대표하는 스포츠 브랜드이고, '베이직하우스'는 중국에 진출해 있는 한국 의류 브랜드이다. 다롄 C사 관계자는 "이들 세 종류의 브랜드 의류는 모두 중국 내수용으로 팔리는 것"이라며 "역시 평양의 공장에서 대부분 생산하고 단둥 D사 공장에서는 마무리 작업을 위주로 한다."고 설명했다.

협력업체 실태조사서

*업체현황						설립년도	2015년9월10일
	업체명	단둥 ▓▓	대표자	▓▓▓▓ /		업종/품목	WOVEN전품목
사업자등록번호		▓▓▓▓▓▓▓				담당	
주 소	사무실	▓▓▓▓▓▓▓ DONGGANG,LIAONING, CHINA				대표	
	본공장		상동				

*연간매출액					*인원현황		
브랜드	수량	금액(억원)	비고		구분		인원수
LINING	30 만장~				사무실	사무	4
베이직하우스	5만장					공장장	1
ANTA	2만장~				현장직	검사원	10
						생산직	120
					총원		135

CJ오쇼핑의 단둥 D사 평가보고서 중 리닝·베이직하우스·안타 제조 표시 부분

🇺🇸 미국의 유명 의류 브랜드까지 생산한 북한 노동자

보고서 마지막에는 단둥 D사 공장 관련 사진을 다양하게 실었다. 이 가운데 눈에 띄는 것이 '타 브랜드 생산 중 제품'이라는 세 종류 브랜드의 겨울 점퍼 사진이다. 2018년 6월 검사원이 D사 공장 방문 당시 북한 노동자가 생산하고 있던 제품이란 뜻이다. 가장 처음 사진에는 영문으로 'KICK ICE HYPERS'라는 문구가 새겨져 있다. 인터넷 검색 결과 이 브랜드는 중국의 유명 스포츠 의류 기업 '리닝' 브랜드로 확인됐다. 보고서 앞부분에서 분석했던 '연간 매출액'에서 언급한 '리닝 의류 30만 장 생산'에 해당하는 의류였다.

품질확인		

타 브랜드 생산 중 제품	타 브랜드 생산 중 제품	타 브랜드 생산 중 제품

CJ오쇼핑의 단둥 D사 평가보고서 중 타 브랜드 생산 제품 사진

중국 리닝 점퍼 KICK ICE HYPERS(D사 평가보고서 중)

　　보고서 속 두 번째 겨울 점퍼는 브랜드 명칭은 희미하지만, 미국의 유명 브랜드인 '아베크롬비&피치Abercrombie&Fitch' 의류이다. 이 사진과는 별도로 장인 B사 관계자는 2019년 1월 초 단둥 D사 공장 안에서 촬영한 사진이라며 아베크롬비&피치 제품 사진을 제시했다. 그는 서울 A사 차장과 2019년 1월 단둥 D사 공장을 방문했을 때 D사 측으로부터 이 제품을 선물로 받았다고 말했다. 장

인 B사 관계자는 "아베크롬비&피치는 2018년 9월 북한에서 만들어 와 D사 공장에서 마무리 작업을 했다."고 말했다. 또 "단둥 D사 공장 1층 완성반에서 아베크롬비&피치 제품을 상자에 포장해서 출고 검사를 한 뒤 트럭에 물건을 싣고 항구로 떠나는 모든 장면을 직접 목격했다."고 덧붙였다. 단둥 D사 공장을 잘 아는 또 다른 인사 역시 D사가 '북한산 아베크롬비&피치'를 미국에 수출했다고 말했다.

CJ오쇼핑의 단둥 D사 평가보고서 중 아베크롬비&피치 의류 사진. 의류 우측 하단에 상표가 있다.

2019년 1월 D사 공장 안에서 촬영한 아베크롬비&피치 의류. B사 관계자 제공

보고서와 D사 공장에서 촬영한 아베크롬비&피치 점퍼 상표 비교. B사 관계자 제공

세 번째 사진은 브랜드 로고가 보이질 않지만 미국의 유명 유니폼 브랜드 '블라우어Blauer USA'의 제품이다. 이는 보고서가 제출된 시기와 비슷한 시점에 단둥 D사 공장 안에서 사진을 촬영한 인사가 확인했다. 이 인사는 2018년 6월 단둥 D사 공장 안에서 북한 노동자가 블라우어 USA 점퍼를 만드는 사진을 찍었다. 그가 촬영한 사진을 보고서 속 사진과 비교해 보면 겉모습과 색깔이 같아 보인다. 이 인사가 촬영한 사진 속 점퍼에는 블라우어 USA 로고가 선명하다. 그는 단둥 D사의 북한 노동자가 블라우어 USA 제품을 주로 평양에서 만들고 일부를 D사 공장에서도 제조했다고 설명했다. CJ오쇼핑의 단둥 D사 평가보고서에는 블라우어 USA 브랜드 점퍼를 담아 미국으로 수출하는 것으로 보이는 상자의 사진도 실렸다.

CJ오쇼핑의 단둥 D사 평가보고서 중 Blauer USA 제품 사진

단둥 D사 공장에서 2018년 6월
촬영한 블라우어 USA 점퍼

북한 노동자가 만든 블라우어 USA
점퍼에 부착된 상표

2018년 단둥 D사 공장에서 블라우어 USA 점퍼를 만들고 있는 북한 노동자

블라우어 USA 홈페이지를 보면 미국의 전통적 유니폼 브랜드
라고 자세히 소개하고 있다. 원래 '블라우어'는 1936년 미국 보스
턴에서 설립돼 오랫동안 미국의 경찰, 소방관, 군인, 백악관 경호
원 등에게 제공하는 유니폼을 제작했다. 홈페이지에는 이러한 블
라우어 브랜드의 역사가 고스란히 담겨 있다. 미국 전통의 블라우
어 브랜드를 이탈리아 업체가 라이선스를 따내 새롭게 선보인 브

랜드가 블라우어 USA다. 블라우
어 USA는 '블라우어 H.T.'라는
브랜드를 출시해 오토바이 라이
더를 위한 헬멧과 재킷 등의 제
품을 만들고 있다.

또 다른 미국 유명 브랜드
'뉴발란스' 점퍼도 단둥 D사 안

단둥 D사 공장에서 2019년 1월 촬영한
뉴발란스 점퍼. B사 관계자 제공

에서 촬영됐다. 장인 B사 관계자는 필자에게 "북한에서 만들어 온
뉴발란스 점퍼를 D사 공장에서 확인했다."며 관련 사진을 제시했
다. 그는 "뉴발란스 점퍼는 모두 북한에서 만들어 단둥 D사 공장
으로 밀수됐고 2018년 10월 출고돼 중국 내수용으로 팔렸다."고
설명했다. 이 점퍼에는 중국어 표기로 된 라벨이 부착됐다.

🏭 유럽 유명 브랜드 의류도 평양에서 제조

유럽 브랜드도 다수 확인됐다. 'here+there' 브랜드의 점퍼가
촬영됐다. 이 제품은 평양의 공장에서 만든 완제품을 단둥 D사 공
장에서 검사하는 과정에 한 인사가 촬영한 것이다. here+there 브
랜드는 네덜란드에 기반을 둔 유럽의 대표적인 패션 그룹인 C&A
의 어린이 의류 브랜드이다. C&A 그룹은 1841년 클레멘과 어거
스트 브렌닌크마이어 형제가 네덜란드에서 설립한 기업으로 지금

은 유럽 전역에 매장을 보유하고 있다. C&A 그룹은 최근 저가 정책을 중심으로 브라질·멕시코·중국 등으로 유통망을 확장하고 있다. C&A 그룹의 오너인 브렌닌크마이어 일가는 세계 10대 패션 부호 조사에서 2015년과 2016년에 각각 3위와 4위를 차지하기도 했다. C&A 홈페이지에서는 here+there 브랜드를 7세부터 14세까지의 어린이를 위한 의류라고 소개하고 있다.

2018년 5월 단둥 D사
공장 완성반에서 촬영한
here+there 점퍼

here+there 점퍼 속 상표

C&A 그룹 홈페이지에서 소개하는 here+there

C&A는 과거에도 지속해서 북한에서 주문생산을 했다는 언론 보도가 있었다. 2012년 9월 7일 미국 자유아시아방송RFA은 네덜란드의 대북투자 전문 자문회사인 GPI컨설턴시의 폴 치아 대표의 인터뷰를 통해 "독일의 게리 베버Gerry Weber와 네덜란드의 C&A사 등 다양한 의류업체가 1980년대부터 북한에서 주문생산을 해오고 있다고 밝혔다."고 보도했다.

치아 대표는 "1970년대부터 네덜란드 기업이 북한 공장에서 주문생산을 해왔고 1980년대 북한의 제작기술이 발달하면서부터는 독일·프랑스·캐나다 등 다양한 국가의 기업이 동참하고 있다."고 설명했다. 또한 "중국 등 다른 나라와의 합작 형태 기업이 증가하면서 더 많은 유럽 업체가 북한 의류산업에 참여하고 있다."고 덧붙였다.

북한 노동자가 2018년 만든 또 다른 유럽 브랜드는 핀란드의 유명 의류 회사인 'L-Fashion Group Oy'의 'Icepeak'이다. 역시 대부분 평양에서 제조했다. 이 제품은 단둥의 한 북한 노동자 공장 창고에서 수출을 위해 상자에 포장된 상태로 2018년 촬영됐다. 포장 상자에는 회사와 브랜드명이 적혀 있다. 목적지는 핀란드의 수도인 헬싱키 그리고 폴란드의 비엘스코비아와 지역으로 돼 있다. 비엘스코비아와는 폴란드 남부 비엘스코비아와주의 주도州都이다. 수출용 상자 옆에는 평양에서 밀수해온 완제품 포대가 여럿 놓여 있다. 이것은 2018년 평양에서 만든 Icepeak 의류를 밀수

해 중국산으로 둔갑시켜 핀란드와 폴란드로 수출하기 위해 대기
하고 있는 현장을 담고 있는 사진이다.

북한산 'L-Fashion Group Oy'사 밀수품 보관 창고. 2018년 가을 촬영

Icepeak 제품이 담긴 폴란드 수출용 상자

Icepeak 제품이 담긴 핀란드 수출용 상자

L-Fashion Group Oy는 1907년 핀란드 라흐티에 설립된 핀
란드의 유명 아웃도어 브랜드 회사로 '루타Lutha'로 널리 알려져 있
다. Icepeak는 이 회사가 만드는 브랜드로 핀란드를 대표하는 아
웃도어 브랜드 가운데 하나이다. Icepeak는 2018년 평창 동계올
림픽 당시 선수단의 팀복 브랜드이기도 했다. Icepeak 홈페이지

에는 과거 동계 올림픽에 참여한 선수들이 해당 브랜드 옷을 입고 있는 사진이 여러 장 실려 있다.

📖 한국 수출 북한산 의류도 다수

한국으로 들어온 제품 사진도 있다. 겨울용 경비 복장으로, 모두 북한에서 제조했고 중국산 라벨을 달아 한국으로 수출됐다. 사진을 촬영한 B사 관계자는 경비복을 주문한 바이어를 직접 만났다고 말했다. 바이어는 중국 랴오닝성 옌타이煙臺에서 온 한국인 남성과 중국인 여성이다. 이들은 제품에 대해 자세히 설명은 하지 않았지만 모두 한국으로 수출하는 것이라고 말했다. 단둥 D사 공장에서 촬영한 검은색 경비복에는 중국어로 쓰인 태그가 붙어 있다. '朝鮮 4010款, 大货首件' 이렇게 표기돼 있는데 이는 '북한 4010모델 본생산분 첫 장'이란 뜻으로 더 풀어 설명하자면 '평양 공장에서 최초로 생산한 4010모델 경비복'이란 뜻이다.

단둥 D사 공장에서 2019년 1월 촬영한 한국 수출용 경비복. B사 관계자 제공

이밖에 국내 브랜드로 추정되는 골프웨어 바지도 있다. PERSPIRE라는 브랜드의 바지이다. 이 제품 역시 평양에서 만들어 온 제품 가운데 하나인데 한국 수출을 준비하고 있었다. 동대문 상가로 납품되는 것으로 추정된다. 다롄 C사 관계자는 "단둥

한국 수출용 경비복에 붙은 표기

D사 공장에서는 평양에서 만들어 동대문 상가로 가는 제품도 다수 확인할 수 있었다."고 말했다.

지금까지 필자가 밝힌 것은 공식 보고서에 언급되거나 사진이

단둥 D사 공장에서 2018년 5월 촬영한 한국 수출용 바지

확보된 브랜드이다. 현지에서 제작 중이라는 브랜드는 이외에도 더 있지만, 관련 물증을 확보하지 못했기에 명칭을 밝히지 않는다. 이들 가운데에는 이름만 대면 알 수 있는 세계적 브랜드, 한국의 공기업과 유명 기업으로 납품되는 의류도 있다.

04장

북한산 의류 판매로 대북제재를 위반한 CJ

🏛 안보리 대북제재 결의와 미국 행정명령을 위반한 CJ

이처럼 2018년 북한 노동자가 만든 의류를 파는 행위는 명백한 대북제재 결의 위반이다. 신범철 한국국가전략연구원 외교안보센터장은 "사실이라면 매우 심각한 행위이다. 유엔 안전보장이사회의 대북제재 결의와 미국의 독자적 대북제재를 모두 위반한 것이다."라고 분석했다. 우선 안보리 결의는 2375호 제16항에 위배된다. 안보리 결의 2375호 제16항은 "북한이 자국 영토로부터 또는 자국민에 의해 섬유 물품을 직·간접적으로 공급·판매·이전해서는 안 되고, 모든 국가가 북한을 원산지로 하는지 관계없이 북한으로부터 해당 품목(섬유 물품)을 조달하는 것을 금지한다."고 규정하고 있다.

신 센터장은 또 이번 사안은 미국의 대북제재로는 가장 강력한 제재 방안을 담고 있는 '행정명령 13810'의 위반이라고 말했다. 2017년 9월 20일 도널드 트럼프 미국 대통령은 북한에 대한 추가 제재를 규정한 행정명령 13810을 입법했다. 이는 북한과 거래하는 제3국의 기업과 개인에 대한 제재가 가능한 '세컨더리 보이콧secondary boycott'의 성격을 담고 있어 역대 최강의 대북제재로 평가받는다. 행정명령 13810에서는 구체적인 사례를 언급하며 이러한 대북 거래를 하는 모든 기업이나 개인에 대해 미국의 금융거래 금지와 미국 내 재산 몰수가 가능하다고 명시했다. 대상이 되는 사례로 언급한 것을 보면 "북한 내 건설·에너지·금융서비스·정보서비스·의류·운송산업 등을 운영하거나 북한 내 항구 등을 운영하거나 또는 북한과 상품·서비스·기술의 중요 수출입에 관여하는 자"라고 규정하고 있다. 그러면서 이들에 대해서는 "미국 내 재산 등을 차단하고 재산 등의 전송·지급·인출·거래 등을 금지할 수 있도록 한다."고 명시하고 있다.

Ⅰ 미국 대북제재 주의보 발령 이후 판매된 북한산 의류

이뿐만 아니라 미국 정부는 2018년 7월 23일 국무부·재무부·국토안보부 등 3개 부처 합동으로 '대북제재 주의보'를 발령했다. 자신도 모르게 북한의 불법적인 무역과 노동자 송출에 관여하였더라도 미국과 유엔의 대북제재 위반으로 블랙리스트에 오를 수 있으니 주의하라는 것이 핵심 내용이다.

대북제재 주의보에서 미국 정부는 북한이 대북제재를 피하고자 사용하는 다양한 수법을 구체적으로 소개했다. 우선 중국 공장이 북한 업체와 하청 계약을 맺어 자수刺繡 작업을 맡긴 사례를 들면서 제3국의 공급업체가 고객이나 기타 관계자에게 알리지 않은 채 제조나 하청 계약 작업을 북한 공장에 맡기는 것을 주의하라고 밝혔다.

또 북한에서 제조된 의류 상품에 '중국산' 표시가 부착되는 경우 등을 제시하며 북한 수출업자가 북한에서 생산된 상품의 원산지를 감추기 위해 원산지를 제3국으로 표시한다고 알렸다. 아울러 북한 기업은 중국이나 기타 국가에 있는 협력업체와 함께 의류, 건설, 소형 가전제품, 서비스업, 광물, 귀금속, 해산물, 섬유 등 다양한 산업에 걸쳐 수백 개의 합작 투자 회사를 설립해 뒀으니 이를 주의하라고 언급했다.

미국 재무부는 뒤이어 바로 다음 달 한글 번역본까지 공개하며 대북제재에 저촉되는 행위를 하지 말 것을 거듭 경고했다. 미국 정부가 대북제재와 관련해 한글 번역본까지 낸 건 이때가 처음이었다. 이처럼 미국 정부가 거듭 경고했음에도 불구하고 주의보 발령 이후 불과 두 달도 안 된 시점에 CJ오쇼핑은 중국산으로 둔갑한 평양산 점퍼를 판매하고 있었다.

🄸 북한에서 날아든 위협 편지

이번 사안은 중국의 하청업체가 입을 열지 않으면 사실 규명이 힘들었다. 하청업체 3곳 모두 평양 제조 사실을 폭로했다. 그럴 수 있었던 배경은 무엇일까? 돈 문제가 컸다. 앞서 언급했듯 북한 노동자의 일감이 별로 없는 비수기에 생산하는 조건으로 계약을 체결했지만, 원부자재가 제때 전달되지 않는 등 일정에 차질이 생겼다. 이 과정에서 업체 간에 대금 지급이 제대로 이뤄지지 않아 갈등이 생겼고, 이로 인해 폭로전까지 이어졌다. 최종적으로는 제품을 생산한 평양 E사마저 받아야 할 돈을 정상적으로 받지 못하면서 갈등은 더욱 심화했다.

평양 E사는 완제품을 만들어 단둥 D사 공장으로 보냈지만, 노동의 대가인 임가공비를 제대로 받지 못했다. 그러자 2018년 12월 초 평양 E사 대표가 단둥 D사 대표 앞으로 "미지급한 임가공비 일부를 서둘러 지급하라."고 독촉 편지를 보냈다. 이 편지에서 평양 E사는 단둥 D사에 "E사에서 생산한 항공점퍼 1만 장과 야상제품 17,349장 분에 대한 가공비를 정산해 달라."고 요청했다. 편지에서 평양 E사는 "제품을 출하한 지 넉 달째 되고 있다. 이런 식으로 신용 없이 무역하면 안 된다. 노동자가 힘들게 전투를 벌여 제품 생산을 해 납기를 보장했다. 그런데도 노동자의 생활비도 지급해주지 못했다. 창사 이래 노동자 생활비 지급 못하기는 처음이다."라고 하소연하며 12월 25일까지 지급하라고 시한을 정했다. 그러면서 "만일 가공비 지급이 되지 않으면 평양 E사 공장에 남아 있는 야상제품 나머지 3,000매를 팔고 중재기관에 문제를 제기하겠다."고 밝혔다.

하지만 대금은 지급되지 않았고 평양 E사 대표는 2019년

2018년 12월 2일 평양 E사가 단둥 D사에 보낸 항의 서한

1월 18일 두 번째 편지를 보냈다. 이번엔 노골적으로 위협하는 내용이 담겼다. "이런 식으로 신용 없이 일하면 앞으로 단둥 D사는 영원히 자기 수명을 마칠 것이다. 300명 규모의 평양 E사는 물론이고 단둥 D사가 거래하고 있는 조선북한의 모든 공장과도 거래가 끊기게 될 것이다. 내 말 한마디면 단둥 D사와 조선과의 거래는 끝이다. 현재 단둥 D사의 노동자 숫자로는 그 많은 주문 물량을 처리하기 힘들 것이고, 조선과의 합영 합작은 그 누구와도 못하게 된다. 단둥 D사의 행

2019년 1월 18일 평양 E사가 단둥 D사에 보낸 항의 서한

위는 가장 비열하고 치사한 협잡 행위이다. 단둥 D사 대표는 가장 용서 못할, 참을 수 없고 치 떨리는 인간으로, 신용불량자로 조선에 남아 있을 것"이라고 분노를 터뜨렸다.

단둥 D사 대표는 자신도 대금을 받지 못해 평양과의 사업이 중단될 위기라고 필자에게 수차례 하소연했다. 그는 만일 대금 지급이 이뤄지지 않는다면 중국의 남북한 영사관을 각각 찾아가 그 앞에서 평양산 키스 해링과 펠릭스-제너럴 아이디어 옷을 불에 태워 버리며 자신의 억울함을 하소연하는 기자회견을 열겠다고 말하기도 했다.

⑧ 언론에 제보하지 않는 조건으로 합의금 지급

업체 간 갈등이 심각해진 상황에서 필자까지 취재에 들어가자 업체들은 긴박하게 움직였다. 2019년 1월 초 A·B·D사 관계자들이 중국 장인 B사 사무실에서 만났다. 다롄 C사는 배제됐다. 서울 A사에서는 임원과 법률 대리인이 왔고 중국 장인 B사 대표와 단둥 D사 대표가 한자리에 모였다. 1박 2일간의 미팅에서 서울 A사와 단둥 D사 간 합의서가 마련됐다. 서울 A사가 단둥 D사에 15만 달러를 지급하는 대신에 D사는 앞으로 더 문제를 제기하지 않는다는 내용이었다. 합의서에는 다음 내용이 포함됐다. "홈쇼핑사나 언론 등에 그 어떠한 이의제기나 제보 등을 하지 않을 것이며, 인터넷이나 SNS 등을 통해서도 갑에 대해 언급을 하지 않을 것을 포함하여 제삼자에게 갑에 대한 이의제기나 문제 제기 등 언급을 하지 않을 것을 확인한다." 합의에서는 또 D사가 합의를 어긴다면 15만 달러의 2배를 위약금으로 지급한다는 내용도 포함됐다.

단둥 D사 대표가 세금 지급까지 요구해 서울 A사는 15만 달러와 이에 대한 세금 16%까지 계산해서 지급했다. 합의서에 사인한 이후 서울 A사의 차장과 장인 B사 대표는 단둥 D사가 보관하고 있는 키스 해링 완제품을 받기 위해 D사로 올라갔다. 그런데 단둥 D사 공장에 도착한 이후 D사 대표의 태도가 돌변했다. 자신이 받아야 할 대금이 더 있는데 합의 당시 반영이 되지 않았다며 추가로 돈을 더 주지 않으면 키스 해링 완제품을 내줄 수 없다고 버텼다. 이 문제로 인해 D사 공장에서 A·B·D사 관계자 사이에 언쟁이 오갔다. 그 사이 D사 대표는 A사와 D사 간 합의서 작성 과정에서 배제됐던 다롄 C사 관계자에 연락해 C사 관계자까지 급히 D사 공장으로 올라왔다.

ⓘ 대금 미지급 문제로 공안까지 출동

다롄 C사 관계자는 2019년 1월 초순 단둥 D사 공장에서 있었던 일을 평생 잊을 수 없다며 자세한 내용을 알려왔다. 다음은 C사 관계자의 주장을 정리한 것이다.

1월 7일 단둥 D사 대표는 다롄 C사 관계자에게 전화를 걸어 "지금 B사 대표가 우리 공장에서 완제품을 출고하려 하고 있으니 빨리 와서 못 받은 돈을 정산하라."고 말했다. 그동안 대금 정산 문제를 하소연해오던 C사 관계자는 깜짝 놀라 곧바로 단둥으로 향했다. 이날 밤 10시쯤 D사 공장 3층 사무실에 도착하니 A사 차장과 장인 B사 사장, 단둥의 자수刺繡공장 생산부장(여성)도 함께 있었다. 자수공장 부장이 온 이유도 못 받은 대금 때문이었다. 이 자수공장은 다롄에서 C사와 함께 펠틱스-제너럴 아이디어 점퍼 샘플 작업을 했고, 단둥에서는 펠틱스-제너럴 아이디어 점퍼의 가슴에 장식하는 명찰을 제작했다. 그런데 7만 위안을 제대로 받지 못해 자수공장 여성 생산부장이 이를 받겠다고 왔다.

　　현장에 도착한 C사 관계자는 미지급 대금을 어떻게 할 것이냐고 A사 차장과 B사 사장에게 물었지만 둘 다 묵묵부답이었다. 그러던 중 30분 정도 지나서 자수공장 부장이 건장한 청년 두 명을 데리고 들어왔다. C사 관계자가 나중에 알고 보니 이들은 단둥 지역의 건달이었다. 이들은 C사 관계자에게 대들며 밀린 대금을 어서 달라고 요구했다. 자수공장 부장이 서류에 적어 내민 청구 금액은 실제의 2배가 넘는 16만 위안이었다. C사 관계자가 비용이 왜 이리 많아졌냐고 묻자 "결제일이 한 달이 넘었으므로 16만 위안을 줘야 한다."고 우겼다. 이에 C사 관계자는 자신도 돈을 받지 못하고 있다며 장인 B사 사장으로부터 돈을 받아야 지급할 수 있다고 했다.

그랬더니 장인 B사 사장이 "나는 이미 줘야 할 돈은 전액 다 주었다. 이 사람에게 직접 받으면 된다."라고 말했다. 그러자 그때부터 자수공장 부장과 청년 2명은 C사 관계자를 옆에 끼고 앉아 "당장 돈 내놓지 않으면 죽인다."며 험한 말로 협박하기 시작했다.

자수공장 사람들은 C사 관계자를 붙잡고 자동차와 여권을 내놓으라며 1층으로 끌고 내려갔다. 평양에서 만든 완제품을 포장하는 포장반이었다. C사 관계자는 그럴 수 없다고 버티면서 포장반 입구에서 몸싸움과 실랑이를 벌였다. 잠시 조용해진 틈을 타 C사 관계자는 화장실에 가서 공안국에 신고했다. C사 관계자가 화장실을 나오니 자수공장 측 사람들이 다시 협박했다. 이들은 C사 관계자의 멱살을 잡고 손가락을 비틀면서 자동차 키를 가져가겠다며 주머니를 뒤졌다. 그러던 도중 공안이 들이닥쳐 이것저것 사실관계를 물어보기 시작하자 청년 2명은 슬그머니 도망가 버렸다. 공안이 조사를 벌이는데 갑자기 A사 차장이 외투를 벗어젖혔다. 그리고 C사 관계자를 향해 도둑놈을 때려죽이겠다고 펄펄 뛰며 소리를 질렀다. 하지만 실제로 때리진 않았다.

C사 관계자는 어이가 없어 그냥 멍하니 있었다. 그랬더니 출동한 공안은 "같은 한국 사람도 당신이 나쁘다고 하니 빨리 돈 주고 마무리하라."고 종용했다. 하지만 C사 관계자는 끝까지 버텼다. "나도 받아야 할 돈을 못 받아서 주고 싶어도 줄 돈이 없다. 차도 여권도 못 준다. 때리든지 죽이든지 마음대로 하라."며 계속 버텼다.

새벽 4시쯤(1월 8일) D사 사장이 자신이 10만 위안을 지급하는 것으로 하고 일단 모두 철수했다. 이날 일련의 사건에 대해 C사 관계자는 "50대 나이에 한국인과 어린 중국인들로부터 도저히 잊을 수 없는 모욕과 치욕을 느꼈다."고 하소연했다. 또 당시 일을 다 털어놓고 나니 속이 후련하다며 오히려 필자에게 고맙다고 말했다.

다렌 C사 관계자의 이러한 주장에 대해 A사 차장과 B사 사장은 모두 지어낸 소설에 불과하고 C사 측에 지급할 돈은 모두 줬다며 전면 부인했다. 하지만 D사 사장은 C사 관계자가 이날 심한 모욕감을 느낄 정도로 봉변을 당했고 공안이 출동한 것도 사실이라고 말했다.

2020년 2월 필자는 D사 공장 1층 포장반의 당시 CCTV 화면을 입수했다. 해당 영상에는 자수공장 사람들이 C사 관계자를 협박하고 폭력을 행사하는 모습, B사 차장이 외투를 벗어 던진 채 흥분해 날뛰며 C사 관계자에게 다가가 협박하는 모습이 고스란히 담겼다. 해당 영상에는 또 북한에서 온 옷 여러 벌이 탁자 위에 놓인 모습과 북한 여성 노동자 2명이 오가는 모습도 담겼다.

한편 D사 사장은 자수 회사에 약속한 10만 위안을 지급했고, 키스 해링 완제품 2만 장 가운데 9,400장을 장쑤성 장인시의 B사 공장으로 보냈다. 그리고 나머지 1만여 장의 옷은 D사 공장에 보관했다. 자신이 요구한 추가 대금을 지급하지 않으면 나머지 1만여 장의 완제품을 줄 수 없다며.

이번 사건은 다음과 같이 정리할 수 있다. 이윤 추구를 노리는 기업이 저렴한 북한 노동력을 활용했다. 그러던 중 다단계 하청 과정에서 대금 지급 문제를 놓고 업체 간 갈등이 생겼다. 평양과 공동 작업한 중국 기업은 자신이 요구하는 대금 지급을 하지 않으면 '북한 노동자 생산' 사실을 폭로하겠다고 한국 기업을 위협했다. 놀란 한국 기업이 중국 기업에 15만 달러를 주며 더 문제를 제기하지 않는다는 합의를 끌어냈다. 하지만 해당 중국 기업은 합의금을 받은 뒤 추가 비용을 요구하고 나서며 합의서 이행 의사가 없음을 밝혀 한국 기업은 돈만 날린 꼴이 됐다. 해당 기업들은 상황이 이렇게까지 이어질 것이라곤 생각하지 못했을 것이다. 단둥의 대부분 봉제 공장에서 북한 내 생산을 했지만, 이런 일은 본 적이 없었으므로.

2019년 1월 8일 0시 27분. 자수공장 사람들이 C사 관계자를 폭행하는 모습이 담긴 CCTV화면

2019년 1월 8일 02시 5분. A사 차장(팔을 걷은 남성)이 흥분해 날뛰는 모습이 담긴 CCTV 화면

2018년 평양에서 이뤄진 봉제 작업에 대한 취재를 마무리할 무렵 필자는 새로운 사실을 확인했다. CJ가 2017년에도 평양산 제품을 판매한 것이었다. 역시 서울 A사가 수입했다. 이로써 "북한과의 관련성을 전혀 몰랐다."는 CJ와 서울 A사의 주장은 완전히 거짓말로 드러났다. 제조와 판매 과정도 2018년과 유사했다.

중국 장인시의 B사 관계자는 필자에게 2017년에도 두 종류의 브랜드 제품을 평양 공장에서 만들어 서울 A사가 수입해 CJ오쇼핑에서 판매했다며 관련 증거를 제시했다. 장인 B사 관계자가 밝힌 내용은 이렇다. 서울 A사로부터 주문을 받은 장인 B사는 단둥에 있는 북한 노동자 회사인 L사와 계약을 맺었다. 단둥 L사 역시 단둥 D사처럼 북한의 봉제 공장과 손잡고 주요 생산을 하는 기업이다. 단둥 L사가 2017년 두 종류의 브랜드 제품 생산을 위해 계약한 회사는 평양 M사였다. 평양 M사에서 완성된 제품은 단둥 L사로 들어와 중국산으로 둔갑했다. 서울 A사가 이를 수입했고, CJ오쇼핑에서 방송을 통해 판매했다.

단둥 L사 정문과 공장 내부(CJ오쇼핑의 평가보고서 중)

평양 M사에서 만든 두 종류의 제품은 모두 펠틱스였다. 2017년 5월과 6월에 만든 제품은 펠틱스 래시가드(rash guard. 햇빛 화상이나 마찰로부터 피부를 보호해주는 옷)였다. 서울 A사는 장인 B사에 '펠틱스 래시가드 5종 세트' 제품을 2만 세트 주문했다. 5종은 집업(zip-up. 지퍼로 잠그는 옷), 긴 소매 상의, 반소매 상의, 반바지, 레깅스(타이즈처럼 몸에 짝 달라붙는 하의)로 구성됐다. 5종 2만 세트로 총 10만 장이다. 이 가운데 긴 소매 상의 2만 장은 장인 B사에서 만들었다. 그리고 나머지 4종 8만 장은 모두 평양 M사에서 생산했다.

2017년 9월과 10월에는 펠틱스 로피LOPE 롱패딩 제품 1만 8,000장을 마찬가지 경로로 평양 M사에서 생산했다. 펠틱스 로피 롱패딩에는

2017년 7월 '펠틱스 래시가드 5종 세트'의 CJ오쇼핑 홍보 장면

미국의 세계적 기업 3M의 특허 제품인 신슐레이트Thinsulate가 패딩용 소재로 들어갔다. 즉 미국 유명 기업의 특허 제품이 평양으로 들어가 한국 수출용 의류 제조에 사용된 것이다.

2017년 11월 펠틱스 로피 롱패딩에 대한 CJ오쇼핑 홍보 장면

ⅠⅠ 단둥 L사 평가보고서에도 명시된 북한 공장

CJ오쇼핑은 단둥 L사에 대해서도 평가보고서를 작성했다. 상하이 CJ IMC 품질보증센터는 2017년 4월 7일 보고서를 작성했다. 보고서 작성자는 2018년 6월 단둥 D사의 평가보고서를 작성한 인물과 동일한 중국인 직원이다. 단둥 L사 평가보고서 역시 요약 제1항에서 "본 공장은 북한 공장으로 점검 진행 시 사진 촬영이 불가하여 공장 책임자 촬영 사진으로 사용했음"이라고 기록해 L사가 북한 노동자 공장임을 밝히고 있다.

단둥 L사 공장 평가보고서 표지와 첫 페이지 요약 부분

보고서는 단둥 L사의 주요 고객으로 '리닝LINING, 李宁', '이랜드E-LAND', '비쿨BECOOL', '포에버21FOREVER21', '데님DENIM', '시즌SEASON'을 적시했다. 제품 유형product type으로 중국·한국·미국·일본을 언급했다. 단둥 L사의 고객을 국적별로 보면 리닝은 중국, 이랜드는 한국, 포에버21과 시즌은 미국 브랜드이다. 비쿨은 그리스 브랜드이다. 데님이란 브랜드는 여러 나라에 있는데 제품 유형 가운데 일본이 있는 점으로 미뤄 일본 브랜드가 아닐까 여겨진다. 보고서에는 리닝의 완성품 테스트 기록 표지 사진도 실려 있다. 보고서는 또 단둥 L사 공장에서 생산한 타사 브랜드 제품 사진을 공개하고 있다. 하지만 사진 화질이 흐려 구체적인 브랜드 명칭은 확인하기 어렵다.

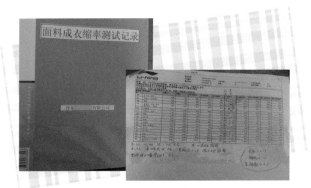

■ MAIN MARKET & CUSTOMERS		
Customer / Brand name	Product Type	Years in Business
李宁		
E/LAND		
BECOOL	中国、韩国、美国、日本	
FOREVER21		
DENIM		
SEASON		

오쇼핑   **Factory Profile**

단둥 L사의 거래처(CJ오쇼핑의 평가보고서 중)

리닝 완성품 테스트 기록(CJ오쇼핑 평가보고서 중)

공장 제품 품질

본공장에서 작업한 타사 제품	본공장에서 작업한 타사 제품	본공장에서 작업한 타사 제품

CJ오쇼핑의 단둥 D사 평가보고서 중 타 브랜드 생산 제품 사진

보고서에서 언급한 미국 브랜드 포에버21은 1980년대 미국에 건너간 한국인 부부가 설립한 유명 패션기업이란 점에서 주목된다. 포에버21은 미국 시장에서 저가 패션을 주도하며 2000년대 초반 큰 성공을 거둬 '아메리칸 드림'의 상징으로도 여겨졌다. 하지만 포에버21은 2019년 9월 미국 델라웨어주 연방 파산법원에 파산보호신청을 했다. 전자상거래 업체의 시장 잠식과 경쟁 심화 등으로 인해 유동성이 급격히 악화한 이유에서였다. 2018년과 2017년 CJ 보고서만 보아도 북한 노동자의 손길이 미국 패션 시장 내에 상당히 폭넓게 뻗쳐 있음을 알 수 있다.

CJ 상하이 법인 직원은 2017년에도 CJ 본사와 서울 A사 측에 북한 작업 상황을 보고하는 이메일을 보냈다. 5월 22일 이메일에서 CJ 상하이 법인 직원은 "북한 작업분 인라인in-line 점검은 스타일별로 1장밖에 확인하지 못했으니 자체 관리를 강화해달라."고 요청했다. 5월 30일 이메일에서는 "5월 26일 단둥 L사 공장 인라인 점검을 했는데 북한 공장에서 작업해온 36장 제품의 샘플 점검이 주요 내용이었다."고 언급했다. 또 6월 8일 이메일에서는 "북한 작업 제품이 단둥 L공장에 도착하는 시간은 6월 8일 저녁이고 6월 9일 아침 비행기로 완제품을 보낼 계획"이라고 언급했다. 2018년과 마찬가지로 2017년에도 CJ 상하이 법인에서는 북한 작업 상황을 정확히 인지하고 있었고, 이를 서울 본사와 A사에 알린 것이다.

CJ오쇼핑과 서울 A사가 최소 2년 연속 북한산 의류를 판매한

CJ상하이 법인 직원이 2017년 5월 22일, 30일, 6월 8일 CJ 본사와 서울 A사에 보낸 이메일

사실이 확인되면서 양사가 필자에게 했던 해명은 처음부터 끝까지 사실을 은폐하기 위한 계획된 거짓말이었음이 드러났다. CJ는 특히 필자의 취재가 시작된 이후 증거 인멸까지 시도한 것으로 보인다. CJ오쇼핑 홈페이지에 있던 펠틱스-제너럴 아이디어 의류와 관련한 방송 녹화본 동영상이 필자의 취재가 시작된 이후 사라졌다. 2017년과 2018년 증거가 확인된 완제품 외에도 CJ오쇼핑이 또 다른 북한산 섬유제품을 판매했을 가능성이 크다. 2017년과 2018년 CJ 상하이 법인과 서울 본사 사이에 오간 이메일을 보면 북한산 의류에 대해 자연스럽게 말하고 있음을 알 수 있다. 이는 이미 2017년 이전부터 CJ 관계자들이 중국을 경유한 북한 작업에 익숙했다는 것으로 해석할 수 있다.

　　2017년에 확인된 일련의 사실에 대해 의견을 묻자 CJ와 서울

A사 모두 침묵을 지키고 있다. 이들의 침묵은 세계적 스포츠 브랜드 '나이키'와 '아디다스'를 떠올리게 했다.

북한이 만든
나이키와 아디다스

북한 노동자는 세계 넘버 원 스포츠 브랜드, 나이키 의류도 만들었다. 나이키 의류는 2012년부터 2016년까지 4년여 기간에 걸쳐 북한과 중국의 공장에서 만들었다. 또 아디다스와 리복 브랜드의 의류도 2010년부터 2016년까지 6년여 기간에 걸쳐 역시 북한과 중국의 공장에서 만들었다. 이들 3종 브랜드 의류에는 미식축구·농구·야구·아이스하키 등 미국의 4대 스포츠를 비롯해 각종 스포츠 리그 로고가 함께 부착됐다. 모두 '메이드인 차이나' 라벨을 달고 미국으로 수출됐다. 대부분 월마트와 시어스 등 미국 대형마트를 통해 팔렸다. 6년여 기간에 북한 노동자가 만든 이들 브랜드 옷은 최소 1,500만 장이 넘고 이 과정에 나이키와 아디다스 측에서 북측에 건넨 외화는 최소 1,100만 달러 이상인 것으로 추정된다.

미국 최대 스포츠 행사인 미식축구 결승전 '슈퍼볼' 때는 선수와 가족, 경기 진행요원 등 경기와 관련된 이들이 북한 노동자가 만든 옷을 입었다. 2013년부터 2016년까지 치른 4차례 경기에서 그랬다. 50% 가까운 엄청난 시청률로 매번 미국 전역으로 생방송됐지만 이런 사실을 아는 미국인은 없었다. 미 프로농구 NBA와 프로야구 MLB 결승전에서도 마찬가지였다. 한마디로 '미국의 자존심', '미국의 상징'을 담은 옷을 북한 노동자가 만든 것이다. 이 모든 과정에서 북한 관련 사실을 감추고자 대규모 서류 조작이 이뤄졌다. 이를 통해 거액의 비자금도 수년간 조성돼왔다. 필자는 수년간에 걸쳐 이러한 내용을 취재하고 확인했다. 필자는 이 사실의 일부 내용을 2018년 초 YTN 보도와 일본 주간지 기고를 통해 공개했다.

01장

나이키·아디다스 의류를 만든 북한 노동자

 공식적으로 중국에 도착한 북한 노동 인력

    2012년 4월 29일 평양에서 온 북한인 31명이 중국 지린吉林성 투먼圖們시의 한 공장에 도착했다. 중국인이 대표로 돼 있는 의류 생산 업체 M사의 공장이다. 평양에서 온 31명은 사장과 부사장, 회계담당 직원 그리고 노동자 28명으로 구성됐다. 부사장은 국가 안전보위부稧 국가안전보위성. 우리의 국가정보원과 유사 소속의 노동부원을 겸했다. 노동부원의 역할은 북한 노동자의 동태를 관리 감독하고 규정에 맞게 근로가 적정하게 이뤄지는지 감독하는 것이다. 이들 31명은 중국 정부가 최초로 수입한 공식 북한 인력이었다. 이들 이 전에도 중국에는 식당과 공장 등에서 일하는 북한 노동자가 있었 지만 대부분 관광이나 연수, 친척 방문 등의 목적으로 중국에 들

어와 불법 취업한 경우였다. 북
한과 중국이 정부 간 합의를 통
해 북한 인력을 공식적으로 받
아들인 것은 2012년 4월이 처
음이었다.

지린성 정부의 북한공업단지 승인
공문

평양에서 기차를 탄 30여
명은 신의주를 거쳐 중국 랴오
닝遼寧성 단둥丹東 역에서 내렸
다. 단둥에서 하룻밤을 묵은 이

들은 다음 날 오전 기차를 타고 꼬박 하루를 달려 지린성 옌볜延邊
조선족자치주의 룽징龍井시에 도착했다. 룽징에서 투먼까지는 버
스를 타고 이동했다. 투먼은 두만강을 사이에 두고 북한과 마주
한 도시이다. 중국 지린성 정부는 2011년 8월 투먼시에 조선북한공
업단지를 조성하는 것을 승인했다. 대규모 북한 노동자가 일할 수
있는 북한 노동자 전용 단지 조성을 허락한 것인데 이는 중국에서
처음 있는 일이었다. M사의 공장은 바로 이 북한공업단지 안에 위
치했다.

지린성 정부가 승인한 북한공업단지 허가 공문을 보면 북한공
업단지를 처음 조성하는 중국 정부의 의지가 잘 반영돼 있다. 단지
는 1k㎡ 규모로 허용했다. 북한의 인력과 자원을 이용해 북한 시장
을 개척함으로써 경공업, 가전제품, 식품 등 산업을 위주로 하는

수출가공단지로 발전할 것을 요구했다. 지린성 정부는 특히 북한 공업단지 조성은 중국이 국가적으로 추진하는 창지투長吉圖 계획과 연계돼 있음을 강조했다. (창지투란 창춘長春·지린吉林·투먼圖們을 하나의 개발권으로 묶어 상대적으로 낙후한 동북3성을 개발한다 는 중국 중앙정부의 계획이다. 중국 국무원은 2009년 8월 30일자 로 '창지투 개발을 개방 선도 지역으로 하는 중국 두만강 지역 협 력과 개발 계획 개요中國圖們江地區合作開發規劃綱要-以長吉圖爲開發開放先導區' 를 발표했다.) 지린성 정부는 북한공업단지를 승인하면서 옌볜조 선족자치주와 투먼시 정부에게 '창지투' 계획을 실행해 북한과의 경제무역협력을 힘써 추진하라고 강조했다.

북한공업단지에 등장한 조선족의 우상

중국 정부가 최초로 조성한 북한공업단지에 평양 노동자가 도 착한 2012년 4월 29일, 현장에는 중국은 물론 남·북 정보기관 관 계자도 신분을 감춘 채 찾아와 조용히 상황을 지켜봤다. 그런데 이날 현장에서 가장 주목을 받은 인물이 있다. 조선족 출신의 정치 가, 고故 조남기趙南起. 1927~2018 부주석이었다. 1927년 충청북도 청 원군에서 태어난 그는 1938년 조부를 따라 중국 지린성 옌지延吉 현으로 이주해 동북군정대학을 거치는 등 중국에서 조선족으로서 의 삶을 살았다. 그는 조선족 출신으로는 처음으로 중국 내 최고

위급인 중국 인민정치협상회의 전국 위원회 부주석에 올랐다. 중국의 전체 소수민족 가운데 이처럼 높은 지위에 오른 이는 없었다. '조선족의 우상'이 투먼 공장에 도착하는 날 고속도로에서 공장까지 모든 도로는 통제된 채 도로 양옆으로는 무장경찰이 배치됐다. 북한 최고 지도자가 중국을 방문할 때 쉽게 볼 수 있는 모습이다. '전설적' 인물이 현장에 등장하자 공장 주변에는 그를 보기 위한 사람들로 붐볐다. 하지만 무장경찰이 대거 동원돼 일반인의 접근을 막았다. 조남기 전 부주석은 투먼 공장 관계자와 북한 노동자를 격려하며 30분 정도 시간을 보낸 뒤 떠났다.

중국으로 대규모 인력 송출을 시작하면서 북측은 파견 노동자가 집단 거주할 수 있는 전용 기숙사와 식당 시설을 요구했다. 이에 따라 공장 인근에는 기숙사 겸 식당 건물이 별도로 마련됐다. 2012년 4월에 도착한 북한 노동자는 이 기숙사에 여장을 풀었다.

이들의 월급은 사장, 노동자 할 것 없이 모두 1,500위안(약 26만 원)으로 결정됐다. 기숙사와 식사비용까지 더하면 투먼 M사에서 부담하는 비용은 북한 노동자 1인당 1,900위안(약 33만 원) 정도였다. 북한 노동자 임금과 숙식비 가운데 일부는 다양한 방식으로 사장이 착복했다. 이렇게 뒤로

출근 전 이른 아침 집단 가무하는 투먼의 북한 노동자

챙기는 돈 때문에 사장과 노동자의 월급은 꽤 차이가 났다.

북한 노동자의 의류 생산 시작

북한 노동자는 2012년 5월부터 M사 공장에서 봉제 작업을 시작했다. 이들이 생산한 옷은 나이키·아디다스·리복(리복은 2006년 아디다스에 합병) 의류로 0세부터 20세까지 미국의 남녀 아동과 청소년이 입을 수 있는 제품이었다. 제품 가운데는 기저귀 일체형(보디 슈트)으로 된 아기용 옷도 있었다. 30명가량으로 시작한 M사 공장의 북한 노동자는 이후 추가로 인원 보강이 이어지면서 얼마 지나지 않아 348명까지 늘었다. M사는 북한 인력 회사인 릉라도무역총회사로부터 총 438명의 노동자를 받았다. 이 가운데 348명은 M사 공장에서 일하고 나머지 90명은 다른 공장에서 일했다.

M사 공장에서 작업을 시작한 이후 얼마 뒤, 투먼 옆 훈춘琿春시의 봉제 기업, H사 공장에서도 같은 작업이 시작됐다. H사 역시 M사와 마찬가지로 중국인이 대표로 있는 봉제 기업이다. H사 공장의 북한 노동자는 30여 명으로 M사 북한 노동자와 비슷한 근

2012년 투먼 M사 공장 외경

로 조건으로 작업을 시작했
다. 이들은 투먼 M사 명의
로 인력 송출 계약을 맺은
뒤 H사 공장으로 보내졌다.
당시만 해도 중국에서 북한
인력을 공식 수입할 수 있
는 권한은 M사에만 있었다.

2013년 훈춘 경제개발구 내 H사 공장.
파란색 슬레이트 지붕 단층 건물이 북한
인력이 일하는 공장이고 붉은색 지붕 4층
건물은 공장 겸 기숙사다.

H사 공장의 북한 인력은 이후 200명 정도까지 늘었다. 투먼 M사
는 3년여간, 훈춘 H사는 4년여간 나이키와 아디다스, 2개 회사의
3가지 브랜드 제품을 생산했다. 북한 노동자가 만든 이들 브랜드
의류는 미국으로 수출됐다.

🧑 나이키 옷을 입고 출근하는 북한 노동자

북한 노동자가 만든 나이키·아디다스·리복 의류에는 미국을
대표하는 각종 스포츠 리그의 로고가 부착됐다. 나이키에는 미식
축구NFL, 아디다스에는 미국 프로농구NBA, 리복에는 미국 프로야
구MLB와 북미 아이스하키리그NHL 로고를 부착했다. 이 밖에 미국
과 캐나다의 최상위 프로축구 리그인 MLS, 미국의 대학 스포츠 리
그인 COLLEGE, 전미全美 스톡자동차경주대회(NASCAR, 스톡자
동차는 일반 시판 차량을 개조한 자동차를 의미), 또 캐나다 풋볼

CFL 로고도 부착했다. 이는
나이키와 아디다스가 해당
스포츠리그와 계약을 맺었
기에 가능한 일이다.

북한 노동자가 만든 나이키·아디다스·리복 의류

필자는 2012년부터 투
먼 M사와 훈춘 H사의 공
장을 수차례 다녀왔다. 공장 내부에 처음 발을 내디뎠을 당시 작
업장을 꽉 메운 북한 노동자의 분주한 모습에 놀랐던 기억이 생생
하다. 북한 노동자 수백 명이 대낮에 형광등을 환하게 켜놓고 열
심히 옷을 만들고 있었다. (봉제 작업은 업무 특성상 낮에도 형광
등을 환하게 켜놓고 일한다.) 당시에는 내부 촬영이 불가능해 두
눈으로만 봐야 했다. 그리고 이들이 구체적으로 무슨 옷을 만드는
지 확인할 수 없었다.

필자가 처음 투먼 M사 공장을 찾았을 때 북한 여성 노동자는
이른 아침마다 출근하기 전에 기숙사 앞에 모여 집단으로 음악에
맞춰 춤을 췄다. 집단 가무가 끝나면 한자리에 모여 관리인의 '말
씀'을 들었다. 조국과 가족을 위해 오늘도 열심히 일하자는 취지의
정신교육이었다. 당시 북한 노동자는 커다란 등 번호가 달린 비슷
한 종류의 옷을 입고 있었다. 이게 무슨 옷인지 궁금했는데 나중
에 알고 보니 북한 노동자 자신들이 만든 나이키 브랜드의 의류였
다. 사진에서 보이는 '숫자 80'과 'A. JOHNSON'은 NFL의 유명

선수인 '안드레 존슨Andre Lamont Johnson'의 선수복을 청소년용으로 만든 것이다. 미국 청소년용 옷 크기가 크다 보니 아시아 성인도 입을 수 있었다.

나이키 옷을 입고 아침 체조하는 북한 노동자　www.andrejohnson80.com 홈페이지 화면

　　수년 후 필자는 북한 노동자가 일하는 공장 내부 사진을 다양하게 확보했다. 이 사진을 보면 재봉틀 앞에 앉아 열심히 옷을 만들거나 다림질하는 북한 노동자의 모습을 확인할 수 있다. 재단 작업장에서는 북한 언어로 쓰인 노동 격려 구호가 눈길을 끌었다. 또 완성한 의류를 개서 비닐 포장에 담은 완성품을 볼 수 있다. 완성품 의류의 포장지에는 설명서가 붙어 있다. 한 포장지 설명서엔 이렇게 적혀 있다. 미국의 대형 할인 백화점 체인인 마샬Mashalls이 고객이고 총 6장이 포장돼 있다. 상품은 NFL의 스타 선수인 뉴잉글랜드 패트리어츠 팀의 쿼터백, 톰 브래디Tom Brady의 이름과 등 번호 12번이 적힌 의류이다.

나이키·아디다스·리복 의류를 만드는 북한 노동자

북한 노동자를 격려하는 각종 구호가 적힌 공장 재단부

미국 대형 할인 백화점으로 가는 유명 NFL 선수 명칭이 들어간 나이키 의류

필자가 2012년 M사 공장을 찾았을 당시 외부에서 M사 공장을 촬영한 사진 가운데 공장 내 완제품 의류의 일부 모습이 포착된 사진이 있었다. 브랜드 로고가 보이질 않아 당시엔 무슨 브랜드인지 알 수 없었는데 이후 2017년에 입수한 사진과 비교해본 결과 나이키 옷에 부착된 NFL, 즉 미식축구리그 로고였음을 확인할 수 있었다.

2012년 촬영한 투먼 공장 안의 나이키 의류. NFL 로고가 부착돼 있다.

👤 성수기엔 북한 내에서 나이키·아디다스 의류 제작

그런데 나이키·아디다스·리복 브랜드의 제품은 투먼과 훈춘 공장에서만 만든 것이 아니었다. 북한 노동자의 손으로 만든 제품이 만족스러운 결과로 확인되자 이후 주문이 폭주

나선특구 무역회사와 투먼 M사가 체결한 계약서 첫 장과 마지막 장

하기 시작했고 투먼과 훈춘 2개 공장에서만 생산해내는 것이 불가능해졌다. "그래서 대안으로 찾은 곳이 북한 나선특별시와 청진시의 공장이었다. 6월부터 8월까지 여름 성수기 때면 나선특별시와 청진시에서 만들어오는 물량이 상당히 많았다."고 대북사업가 X는 설명했다. 북한에서 제조된 의류는 모두 중국산(made in China)으로 둔갑해 미국 시장으로 향했다.

02장

남·북·미·중 4개국 기업의 은밀한 협업

🔺 미국 → 한국 → 중국 → 북한

북한 노동자는 북한 내부에서나 해외에서나 혹독한 조건 속에서 일을 하면서도 임금의 일부를 북한 당국에 상납하고 있다. 이런 사실 때문에 세계 각국 정부와 언론은 북한 노동자의 인권탄압 문제에 대해 지속해서 비판해 왔다. 물론 나이키와 아디다스 본사 역시 북한 인력처럼 인권탄압 요소가 뚜렷한 노동자는 고용할 수 없도록 내부 규정을 두고 있다. 그런데도 북한 노동자가 세계적 브랜드의 제품을 만드는 것이 가능했던 배경은 무엇일까? 그 답은 비용 절감을 통해 이윤 극대화를 꾀하려는 기업의 본능에서 찾을 수 있다.

미국 뉴욕에 본사를 두고 있는 O사는 나이키·아디다스 회사 브랜드의 20세 이하 의류 제조 및 판권을 보유했다. O사는 서울 H사와 제품 생산 의뢰 계약을, 그리고 서울 H사는 다시 중국 M사와 제품 생산 계약을 체결해 제품을 생산했다. 이처럼 3개국 기업이 계약을 체결하는 이유는 저렴한 인건비 때문이다. 처음에 미국에서 생산하다 보니 과도한 인건비 문제가 등장하게 돼 의류 생산을 한국에서 진행하게 됐다. 미국 O사와 한국 H사의 관계는 그렇게 시작했다. 이후 한국 역시 인건비 상승의 시기가 도래하자 중국의 저렴한 노동자를 찾게 됐다. 이로써 미국 O사·한국 H사·중국 M사 다자간 계약이 이뤄졌다. 나중에는 중국마저도 인건비 상승과 인력난 문제에 직면하게 되자 인건비가 더욱 저렴한 북한 노동자로 눈을 돌리게 됐다. 때마침 중국 정부가 처음으로 대규모 북한 인력 수입을 결정했기에 O사가 이를 가장 먼저 적극적으로 활용한 것이다.

아디다스가 뉴욕 O사와 투먼 M사에 권리를 부여한 문건

뉴욕 O사와 서울 H사의 계약서. 나이키·아디다스·리복과 각종 스포츠 리그 사용 언급

필자는 이러한 계약 관계를 알 수 있는 문건을 다수 확보했다. 우선 아디다스가 2012년 10월 작성한 문건을 보면 아디다스와 뉴욕의 O사, 투먼 M사와의 관계를 알 수 있다. 이 문건은 아디다스가 두 회사에 제조와 미국 수입 권한을 부여하려고 작성한 것이다. 문

뉴욕 O사와 서울 H사의 계약서

건에는 "아디다스는 O사에 투먼 M사 공장에서 만든 청소년 의류(팀 로고와 아디다스·NBA·NCAA(전미 대학체육협회) 로고 부착)를 생산하고 미국으로 수입할 수 있는 권한을 부여한다."고 명시돼 있다.

뉴욕 O사가 서울 H사와 2013년 말 체결한 계약서도 있다. 계약서에 담긴 핵심 내용을 요약하면 다음과 같다. "O사는 H사에 다음의 주문을 수행할 수 있는 제조와 판매 대행 권한을 부여한다. 대상은 나이키·아디다스·리복 브랜드를 사용한 MLB·MLS·NBA·NFL·COLLEGE·NASCAR 리그의 셔츠와 반바지이다."

```
O          NEWYORK HEREBY AUTHORIZE H          CORP KOREA
AS AN AGENT AND/OR MAKER TO CARRY OUT ORDERS FOR JERSEY/
SHORTS PROJECT USING REEBOK, ADIDAS BRAND & NIKE BRAND
FOR MLB/MLS/NBA/NFL/COLLEGE/NASCAR LEAGUES.
```

O사와 H사의 계약서 중 일부

뉴욕 O사가 아디다스와 첫 계약을 맺은 것은 2001년 무렵으로 10년 계약이었다. 서울 H사와의 계약을 통해 2002년 중국 산둥성 옌타이의 공장에서 처음으로 아디다스와 리복 의류 생산을 시작했다. 사업이 잘되면서 뉴욕 O사와 아디다스는 2012년에 다시 10년 계약을 체결했다. O사는 아디다스와의 사업 성공에 힘입어 나이키 의류 사업권까지 갖게 됐다. 북한 노동자가 나이키 의류 생산을 시작한 것은 2012년 투먼 M사 공장에서였다.

🙂 한·미 회사 대표도 찾아갔던 중국 내 북한 노동자 근로현장

2011년 12월 23일 뉴욕 O사 대표는 1박 2일 일정으로 투먼과 훈춘 공장을 찾았다. 그는 앞으로 북한 노동자가 나이키와 아디다스 회사 브랜드 의류를 만들 현장을 두 눈으로 직접 확인하고 싶어 했다. 서울 H사 사장과 함께 온 O사 대표는 투먼과 훈춘 두 공장을 방문해 현장 시설을 둘러봤다. 당시 투먼 M사 공장은 기숙사 시설과 공장 시설만 있는 상태였고 훈춘에서는 중국 노동자가 일하고 있었다. O사 대표는 두 공장 시설을 둘러본 뒤 훈춘에서 하룻밤을 자고 곧바로 뉴욕으로 떠났다. 가족과 크리스마스를 보내기 위해서였다. 전 세계 유일의 분단국가, 감히 세계 최강대국을 향해 큰소리치며 핵과 미사일로 위협하는 작고 당돌한 나라, 그런데 이 나라 노동자가 미국 최고의 브랜드 제품을 만드는 현

실. 아이러니도 이런 아이러니가 어디 있을까? 미국 뉴욕의 O사 대
표가 크리스마스 직전, 굳이 북·중 접경 시골 마을 공장을 찾은 이
유는 아마도 이런 아이러니한 현장을 직접 확인하고 싶었기 때문
은 아닐까? O사 대표는 현장 시설을 둘러본 뒤 나이키와 아디다
스의 브랜드 의류를 북한 노동자가 생산하는 것에 대단히 만족해
했다.

2012년 투먼과 훈춘의 북한 노동자 공장에서 나이키와 아디
다스의 의류 생산이 시작되자 서울 H사의 한국인과 중국인 직원
은 해당 공장에 상주하며 일했다. 북한 노동자가 만들어 내는 제
품을 직접 확인하며 문제는 없는지 체크했고, 노동자의 추가 근무
와 이에 대한 수당 지급을 확인했다. 서울 H사의 고위급 임원도
수시로 투먼과 훈춘 공장을 찾아 관리 감독했다.

🐾 까다로운 나이키·아디다스의 검사를 통과할 수 있었던
중국 공장의 비밀은?

앞서 CJ 사례에서도 보았듯 나이키·아디다스와 같은 글로벌
기업은 자사 제품을 만드는 회사에 모든 것을 그냥 맡기지 않는다.
자사 제품을 생산해 낼 만한 자격이 되는지 검사를 거쳐 기준에 합
격해야만 생산을 의뢰한다. 해외 소재 회사라면 본사에서 지정한
전문 검사 기관의 검사를 거쳐야 하고 자재 역시 본사에서 허가한

업체를 통해서만 구할 수 있도록 한다. 전문 검사원이 해당 공장을 찾아 검사 항목에 따라 세밀하게 검사한 후 보고서를 제출하면 본사는 이 보고서를 토대로 공장 지정 여부를 판단한다. 생산 공장으로 지정된 이후에도 1년에 한 차례씩 정기 검사를 받는다.

나이키와 아디다스는 중국 여러 지역에 검사 기관을 지정해뒀다. 홍콩과 광저우廣州, 선전深圳 등에서 별도의 검사 전문팀이 파견돼 1박 2일 또는 2박 3일간 공장 검사를 진행했다. 특히 나이키의 공장 검사는 기준이 높아 통과하기가 까다로운 것으로 정평이 나 있다. 나이키의 공장 검사를 통과했다고 하면 대부분 기업은 추가 검사는 불필요하다고 여긴다. 북한 노동자 고용을 금지하고 있는 상황에 투먼과 훈춘의 북한 노동자 공장은 그 까다롭다는 나이키와 아디다스의 검사를 어떻게 해마다 통과할 수 있었을까?

이 과정에는 서울 H사의 주도면밀한 대응이 있었다. H사는 나이키와 아디다스의 공장 검사 예정일 이전부터 고위급 임원이 미리 투먼과 훈춘 공장에 도착해 검사에 어떻게 대응할 것인지 꼼꼼하게 대비했다. 해마다 검사를 앞두고 사전 준비를 철저히 한 것이다. 하지만 철저한 '대비'라는 것은 사실 철저한 '조작'이었다.

👊 나이키·아디다스 검사 통과의 비밀은 '허위 보고'

우선 모든 신고 서류에서 북한의 흔적을 지웠다. 노동자의 국적을 북한이 아닌 중국으로 기재했다. 공장 노동자 숫자도 속였다. 실제로는 300~400여 명인데 이보다 훨씬 적은 50~60명으로 기재했다. 이렇게 신고한 인원 가운데 실제로 옷을 만드는 것은 보통 30여 명이다. 30여 명이 한 개 팀으로 운영되고 나머지 10~20명은 관리직이나 부서별 충원 인원이다.

즉 나이키와 아디다스의 공장 검사 때면 투먼과 훈춘의 수백 명 규모의 북한 노동자 공장은 중국 노동자 50~60명이 하루 8시간의 근로시간을 준수하며 일하는, '작고도 착한 기업'으로 변모했다. 전문 검사원이 노동자 국적을 모를 정도로 허술하진 않다. 그래서 신고 서류와 실제 노동자를 일치시키기 위해 노동자도 바꿔치기했다. 검사팀이 공장에 도착하기 직전 북한 노동자를 모두 기숙사로 보내 숨기고 중국 노동자를 나오게 했다.

투먼 M사와 훈춘 H사는 공장 설립 당시 중국인 노동자 30명 정도가 일한다고 신고했다. 나중엔 인원을 두 배 정도 증가한 것으로 신고해뒀다. 그리고 검사팀이 현장에 오면 두 기업은 자사에 있는 중국 노동자를 공장으로 보낸다. 그러면 각각 60명의 중국 노동자가 일하는 공장이 된다. 나이키는 주 48시간 이상의 노동을 금지하고 있으므로 노동자 인터뷰에서 노동 시간은 허위로 보고되고 실제 노동 시간은 은폐된다. 인터뷰에서 거짓을 말하도록 해두고 인터뷰를 잘한 노동자에게는 대가를 지급했다.

이것의 사실 여부를 확인하려면 투먼과 훈춘 공장 노동자 명단을 비교해보면 된다. 양측 공장 노동자는 2/3 정도가 똑같았다. 인력 신분증을 그대로 받아서 서로 사용했으니 그럴 수밖에 없었다. 대부분 중국 한족 출신이었고 조선족도 일부 있었다. 북한 노동자는 매일 늦게까지 일했고 쉬는 날도 한 달에 두 차례에 불과했다. 노동 시간을 준수한다는 신고 서류의 내용은 조작된 것이었다.

북한 노동자는 아침 8시부터 작업을 시작해 밤 10시나 12시까지 작업을 이어갔다. 주문이 폭주하는 날에는 새벽 2시까지 작업하기도 했다. 밤늦게까지 북한 노동자 공장을 가동하는 일이 잦자 중국 정부조차 왜 이렇게 밤늦게까지 일을 시키느냐며 문제를 제기할 정도였다. 당시 중국 노동자는 아침 8시부터 일하기 시작해 오후 5시면 퇴근해 북한 노동자의 노동 시간과 뚜렷하게 비교됐다.

🐾 극소수 노동자로 불가능한 작업량, 나이키·아디다스는 몰랐을까?

그렇다면 현지 검사팀, 그리고 나이키와 아디다스 본사는 철저히 속기만 한 것일까? 그렇게 보기엔 납득하기 어려운 점이 많다. 당장 노동자 숫자와 생산 물량에서 이상이 발견된다. 서류에 신고한 대로 생산 가능한 물량을 계산해 보면 이렇다. 북한 노동자는 일요일만 쉬는 것으로 계약했으니 한 달 평균 25일 일하는 것으로 볼 수 있다. 아디다스 NBA 의류의 경우 30여 명 한 개 팀이 하루 8시간 일하면 생산할 수 있는 물량이 적게는 550장에서 많아야 650장이다. 최대로 생산한다고 쳐도 한 달에 16,250장이다. 나이키 NFL 의류는 좀 더 만들기 어려워 하루 생산량이 500장에서 550장 사이이다. 이 역시 최대한 550장 만든다고 가정해도 한 달에 13,750장이다.

그런데 투먼 공장에서 미국으로 수출한 실제 물량은 한 달 평균 22만 장이었고 훈춘 공장에서는 15만 장에서 20만 장 사이였다. 공장의 생산 노동자 숫자와 생산 물량을 단순 비교해도 엄청난 차이가 있다. 투먼과 훈춘 공장에서 만들어 수출한 나이키와 아디다스, 리복 의류는 연간 350만 장 정도였다. 투먼과 훈춘의 신고 노동자만으로 도저히 생산 불가능한 물량이다. 이렇게 간단하게 알 수 있는 사실에 대해 본사와 현지 조사팀이 아무런 의문을 제기하지 않았다는 것은 이해할 수 없다.

사실을 들킨다면 타격이 적지 않음에도 불구하고 이렇게까지 북한 노동자에게 생산을 맡기려 했던 이유는 무엇일까? 위험을 감수할 만큼 북한 노동자의 존재 의미가 컸다고 할 수 있다. 2012년 당시 기준으로만 보더라도 북한 노동자는 중국 노동자와는 비교할 수 없을 정도로 우수했다. 한때 세계의 공장으로 불리던 중국에는 봉제업과 같은 제조업에 대해 이른바 3d(dirty, difficult, dangerous) 직종이라고 해서 젊은이의 기피 현상이 뚜렷하게 나타났다. 중국의 젊은이는 입사해 일을 시작한다고 하더라도 쉽게 이직했다. 월급을 조금이라도 더 주는 곳이 나타나면 아무 미련 없이 직장을 옮겼다. 업무가 익숙해질 만하면 직원이 떠나 버리니 새 직원을 뽑아 처음부터 새로 가르쳐야 하는 일이 빈번했다. 현실이 이렇다 보니 제조 기업으로서는 장기간 진득하게 일할 수 있는 노동자 확보가 무엇보다 시급했다. 이런 측면에서 북한 노동자는 더할 나위 없이 좋은 존재였다. 이들은 당국의 통제에 잘 따르고 최소 3년간 한 공장에서 일한다. 성실하고 숙련돼 있으며 이직의 염려가 없다. 게다가 인건비마저 중국 노동자보다 훨씬 저렴하니 금상첨화였다.

하지만 북한 노동자의 나이키·아디다스·리복 의류 제작은 2016년 9월까지만 진행됐다. 당시 북한의 잇단 무력 도발에 미국 정부가 제재의 강도와 수위를 갈수록 높여가자 뉴욕 O사는 북한 노동자 고용에 부담을 느껴 공장을 동남아 지역으로 이전하는 결정을 내렸다.

03장

나이키와 아디다스의 침묵

👤 나이키의 침묵

그렇다면 나이키와 아디다스 본사는 북한 노동자가 자사 브랜드 제품을 만든다는 사실에 대해 어떤 입장일까? 2017년 7월 말 필자는 2개 본사의 해명을 듣기 위해 질의 이메일을 한국의 홍보대행사를 통해 발송했다. 이후 석 달 가까이 이메일을 주고받으며 양사에 해명의 기회를 제공했다. 세계적 브랜드인 양사가 보여 준 반응은 실망스러웠다.

2017년 7월 27일 필자는 나이키와 아디다스 본사 측에 각각 "2012년 5월부터 4년여 기간 중국 지린성 투먼과 훈춘 공장, 북한 나선특구 내 공장의 북한 노동자가 해당 브랜드 의류를 만들었다는 내용을 취재했다."며 7가지 세부 질문을 했다. 이에 대해 나이키

사는 다음과 같은 답변을 보내왔다. "당사는 미국에 본사를 둔 기업으로서, 북한과 관련된 모든 거래, 투자 또는 무역을 제재하는 미국 법령을 준수하고 있다. 본 제재는 당사뿐만 아니라 당사와 계약된 운동화, 의류 또는 기타 용품을 생산하는 독립 생산업체에도 적용되는 사항이다. 이에 따라 북한에서 생산되는 모든 상품은 당사의 공식 제품이 될 수 없는바 위조 제품으로 간주한다." 즉 나이키의 답변은 북한 노동자가 자사 브랜드 의류를 만든 것은 위조품이라며 전면 부인한 것이다.

이에 필자는 8월 4일 거듭 재확인을 요청하는 질문이 담긴 이메일을 보냈다. 필자는 ① 2012년 5월부터 4년 이상 중국 지린성 투먼과 훈춘에서 20세 이하용 나이키 브랜드 의류를 생산한 사실이 있는지 ② 위 사실이 있다면 노동자 국적은 무엇인지 ③ 만일 이들이 북한 노동자라면 이에 대한 나이키 본사의 입장은 무엇인지를 묻는 3가지 질문을 했다. 그리고 8월 7일에는 투먼 M사와 훈춘 H사의 공식 명칭과 이를 주문한 미국 O사의 명칭을 알려줬다.

그랬더니 8월 10일 나이키는 이런 답변을 보내왔다. "문의한 두 공장은 본사의 생산 공급 과정에 포함되지도, 본사의 제품을 생산하도록 승인되지도 않았다. 당사의 생산 공급 라인 확인이 가능한 국가별 지도에서 당사와 계약된 중국 내 모든 공장의 목록을 확인할 수 있다. 문의한 공장은 목록에 포함되지 않으며, 중국 내

지도에서 지린성 또한 당사와 계약이 없음을 확인할 수 있다." 나이키는 그러면서 참고 링크로 자사 공장을 확인할 수 있는 지도를 보내왔다.

2017년 8월 10일 나이키 측 답변 이메일에 포함된 자료

즉, 거듭 제기된 질문에서도 나이키는 자사 브랜드 공식 제품을 해당 중국 공장에서 만든 적이 없다고 분명하게 부인한 것이다. 이에 필자는 8월 21일 다시 한번 다음 2가지 내용으로 더욱 구체적으로 질문했다. ① 투먼과 훈춘 공장이 '현재' 나이키 브랜드 제품을 만들지 않는 것은 맞다. 그런데 2012년 5월부터 4년여 기간에도 만들지 않았나? ② 미국 O사에 20세 이하 의류 제조와 판매 권한을 부여한 적이 없는가?

필자가 7월 27일 첫 질문에서부터 '2012년 5월부터 4년여 기간'이라는 시점을 제시했음에도 불구하고 나이키 본사는 해당 시점이 아닌 '현재' 시점을 계속 언급하며 해당 공장이 존재하지 않는다고 주장하고 있었고, 이에 필자는 더욱 구체적으로 질문한 것이다. 그러자 8월 25일 나이키는 비로소 일부 사실을 인정했다. "두 공장과 각각 2012년 4월부터 2015년 3월까지, 2012년 4월부터 2016년 9월까지 계약을 맺었다. 당사는 이 기간 미국 O사에 제조

투먼 M사와 북한 인력담당 회사 간의 계약서

판매 권한을 부여했다."고 답변했다. 그런데 여전히 노동자 국적은 언급하지 않았다.

이에 필자는 8월 26일 노동자 국적이 북한 국적인지 아닌지를 묻는 질의를 했다. 나이키 측의 답변이 없어 9월 11일 북한 노동자 모습이 담긴 사진과 이들이 북한 노동자일 수밖에 없는 이유를 설명하며 거듭 해명을 요구하는 이메일을 발송했다.

9월 29일 나이키의 답변이 왔다. "투먼과 훈춘 두 곳의 공장은 나이키의 인가업체인 O사와의 계약 하에 라이선스 의류를 생산했다. 당사 인가업체로서 O사는 두 곳의 공장 중 한 곳을 통해서는 2015년 3월까지, 또 한 곳의 경우에는 2016년 9월까지 단지 라이선스 제품만을 생산할 수 있도록 허가받은 바 있다. 상기 두 곳의 공장은 더는 당사의 공급망 내에서 당사 제품을 생산할 수 있도록 허가된 공장이 아니다. 따라서 이 두 공장을 통해 제조된 모든 상품은 당사의 공식 제품이 될 수 없는바 위조 제품으로 간주한다."

과거 답변을 되풀이하며 또다시 노동자 국적에 대해서는 아무 답변을 하지 않은 것이다. 이에 필자는 9월 30일과 10월 13일 거듭해서 북한 노동자 여부를 물어본 데 이어 중국 기업과 북한 인력 송출 회사 간에 체결한 계약서를 추가 증거 자료로 보냈다. 하지만 나이키 본사는 아무 답변 없이 긴 침묵을 유지했다.

👤 북한 노동자 부인하다 결국 침묵한 아디다스

독일에 있는 아디다스 본사는 8월 2일 첫 답변에서 아디다스는 전 세계 모든 공급 라인에서 국제노동기구ILO의 노동 기준 등을 철저하게 준수하고 있다며 북한과의 관련성을 일체 부인했다. 필자가 중국의 투먼과 훈춘 회사, 미국 O사의 명칭을 알려주자 8월 11일 답변에서 아디다스는 투먼과 훈춘 공장에서 자사 브랜드 제품을 제조한 것은 사실이지만 해당 공장에 북한 노동자가 근무했는지는 확인된 바가 없다고 밝혔다. 이에 필자는 8월 17일 본인이 과거 직접 두 공장 모두 방문해 두 눈으로 확인한 바가 있다며 북한 노동자 고용과 관련해서는 미국의 O사에도 확인해볼 것을 권했다.

8월 22일 아디다스가 보내온 답변은 다음과 같다. "미국 O사에 확인한 결과 북한 노동자 근무 주장을 전혀 모르고 있다. 김 기자에게 한 가지를 요청한다. 공장을 직접 방문해 북한 노동자 근무 사실을 확인한 시점을 알려 달라. 만약 두 곳 공장이 이러한 행위를 저질렀다면 불법인 동시에 범죄를 저지른 것이므로 경찰 조사 및 중국 정부에 공식적 조사 요청이 들어가야 한다. 그렇다면 김 기자가 증인이 될 수 있고, 김 기자가 확보한 증거가 불법이나 범죄를 밝혀낼 신뢰할 만한 증거로 필요할 수 있다."

아디다스 측은 기자가 증인으로 서야 할 수 있다며 압박하는 표현을 하면서 흥미로운 해석을 했다. 투먼과 훈춘 공장에서 북한 노동자가 일한 것이 맞다면 '불법인 동시에 범죄'라고 표현한 것이다. 결국 아디다스 스스로 불법과 범죄 행위에 연루됐음을 자인한 셈이다.

8월 22일 답변에 대해 필자는 8월 26일 ① 투먼 M사가 위치한 곳이 중국 정부가 처음으로 승인한 북한 노동자 전용 단지라는 점 ② 투먼과 훈춘 공장은 필자가 한 번이 아니라 여러 차례 방문해 북한 노동자 활동을 확인했다는 점을 알리며 투먼 북한공업단지 사진 자료를 제공했다. 이어 9월 1일에는 공장 내부 북한 노동자 모습과 이들이 만든 아디다스 의류 제품 사진을 보냈다. 그러자 아디다스는 9월 12일 "사진 속 사람들이 북한 국적이 맞는지 확인하기 어렵다."며 "현재까지 공식적 증거인 감사보고서audit reports를 통해 확인된 부분과 ∩사를 통해 확인한 바로는 북한 노동자가 근무했다는 어떠한 사실도 발견되지 않았다."고 주장했다.

아디다스가 말하는 감사보고서는 공장 허가에 앞서, 그리고 허가 이후 공장 가동 기간 정기적으로 실시하는 감사 보고서를 의미한다. 정기 감사는 보통 1년에 한 차례 실시한다.

이에 필자는 9월 14일 아디다스의 주장에 이해하기 어려운 부분이 많다고 지적하면서 중국 기업과 북한 인력 송출 회사 간에 체결한 계약서를 촬영한 사진을 추가 증거 자료로 제시했다. 아울러 아디다스 본사가 공식 증거 자료라고 제시하는 감사보고서가 과연 신뢰할 만한 것인지 꼼꼼하게 살펴볼 것을 권했다. 노동자 국적과 숫자가 조작됐으니 실제 생산량과 비교해보라는 충고였다. 하지만 이에 대해 아디다스 측은 아무런 반론을 하지 않았다. 10월 3일 필자는 그동안 필자가 제시한 여러 사실fact과 질문 목록을 재정리하여 10월 20일까지 마지막 시한을 제시하며 답변을 요구했다. 하지만 아디다스는 이후 아무런 답변을 하지 않았다.

세계적 브랜드인 나이키와 아디다스 본사 모두 개별적으로 접촉했지만 결국 큰 흐름에선 비슷한 반응을 보였다. 처음엔 중국에서의 자사 제품 생산 자체를 부인하다 하나씩 증거를 제시하자 중국 공장에서의 제품 생산까지는 마지못해 인정했지만, 북한 노동자 제조 사실에 대해서는 결국 아무런 해명도 하지 못한 채 긴 침묵에 빠졌다.

2017년 말 상황을 담은 아랫글은 필자가 2018년 1월 일본의 주간지인 '주간금요일'에 기고한 내용 중 일부이다. 당시 기고문은 본 책의 1부 내용과 맥락이 닿고 있음을 알 수 있다.

2018년 1월 일본 주간지 '주간금요일'에 실린 필자 기고문

계속 팔려나가는 북한산 의류

북한 노동자가 만든 나이키와 아디다스 회사 의류가 미국에 수입된 4년여 기간은 버락 오바마 행정부 시절이다. 그렇다면 도널드 트럼프가 집권한 2017년 말의 상황은 어땠을까? 북한 노동자가 만든 나이키·아디다스·리복 브랜드는 없다. 하지만 또 다른 유명 브랜드 제품이 '메이드 인 차이나'로 둔갑해 미국 시장에 여전히 팔리고 있다. 모두 이름만 대면 알 수 있는 세계적 브랜드 의류이다. 이를 파는 나라는 미국만이 아니다. 북한 내부에서 만들거나 중국에 파견된 북한 노동자가 만든 제품이 한국과 일본, 유럽 등 전 세계 시장으로 버젓이 팔리고 있다. 이 모든 일이 2017년 11

월 당시까지도 벌어졌던 현실이다.

　김정은 정권이 들어선 이후 2017년 11월까지 6년간 북한은 모두 4차례 핵실험을 단행했고, 각종 미사일 발사 실험은 시도 때도 없이 했다. 이 기간 유엔 안보리는 7차례 대북제재 결의를 채택했고, 의장성명과 언론 성명 등 각종 성명은 11차례 발표했다. 김정은 시대 북한의 무력 도발과 이에 대한 안보리의 대응은 횟수 면에서 김정일 시대와 뚜렷하게 비교된다. 김정일 시대 북한에서는 핵실험과 미사일 발사 실험이 각각 두 차례 있었고, 안보리의 대북제재 결의는 4차례, 의장성명 발표는 1차례 있었다.

　북한은 한 번 발사할 때마다 엄청난 비용이 들어가는 무력 도발을 계속하고 있고, 국제사회는 어느 때보다 강도가 높다는 대북제재를 잇달아 발표하고 있다. 단순 계산으로 보자면 북한은 더는 도발하지 않고 스스로 무너져야 마땅하다. 그런데 제재를 하면 할수록 북한은 오히려 도발의 횟수를 늘렸다.

04장

각종 규정을 위반한 나이키와 아디다스

🔲 대북제재 기간에 북한 노동자 생산을 주문한 미국 기업

북한 노동자가 나이키와 아디다스, 리복 의류를 생산한 4년여 기간은 두 차례 핵실험 등 북한의 잇단 도발과 이에 대한 국제사회의 대북제재가 집중된 시기란 점에서 주목된다. 즉 새로 지도자에 오른 김정은 위원장이 각종 무력 도발로 국제사회로부터 집중 제재를 받던 시기에 북한 노동자는 미국 시장으로 수출되는 유명 브랜드 제품을 만들었고 이로 인해 북측은 막대한 외화를 벌어들였다.

중국 정부가 처음 수입한 북한 노동자가 중국 땅을 밟기 직전인 2012년 4월 13일 북한은 최고인민회의를 열어 2011년 말 사망한 고 김정일 위원장을 '영원한 국방위원장'에, 김정은 위원장을 국방위원회 제1위원장에 추대했다. 그리고 이날 북한은 장거리 로

켓인 '은하3호'를 발사했고, 이로 인해 며칠 뒤 유엔 안보리는 북한의 로켓 발사를 강력히 규탄하는 내용의 의장성명을 채택했다. 또 그해 12월 12일 북한은 장거리 로켓 '은하3호' 2호기를 발사했다. 이듬해인 2013년 1월 22일 안보리는 로켓 발사를 규탄하면서 6개 기관과 개인 4명을 추가해 대북제재 대상을 확대·강화한 결의 2087호를 만장일치로 채택했다. 하지만 불과 3주 뒤인 2월 12일 북한은 보란 듯이 3차 핵실험을 강행했다. 안보리는 다음 달인 3월 7일 '핵·탄도미사일 개발과 관련된 것으로 의심되는 북한의 금융거래 금지'를 골자로 한 결의 2094호를 채택했다.

이후 한동안 조용하던 북한은 2016년 1월 6일 4차 핵실험을 하면서 '첫 수소탄 시험'에 성공했다고 주장했다. 이에 안보리는 즉각 북한 핵실험 규탄 언론 성명을 발표하면서 '중대한 추가 제재' 결의를 예고했다. 그리고 한 달 뒤인 2월 7일 북한은 장거리 로켓 '광명성호'를 발사했고, 안보리는 즉각 긴급회의를 열어 장거리 로켓 발사 규탄 성명을 발표하며 '중대한 조치'를 조속히 채택하기로 합의했다. 그다음 달 2일 안보리는 북한의 4차 핵실험과 장거리 로켓 발사에 대응해 당시 기준으로 '역대 최강' 수위라는 제재 결의 2270호를 채택했다. 북한 화물 검색 의무화, 육·해·공 운송 통제, 북한 광물거래 금지·차단 등이 주요 내용이었다.

하지만 북한은 곧바로 3월 17일 탄도미사일 2발을 동해상으로 발사했고, 다음 날 안보리는 북한 규탄 언론 성명을 채택했다.

그리고 4월 23일 북한은 동해에서 잠수함 발사 탄도미사일SLBM을 발사했고 이에 대해 안보리는 역시 북한 규탄 언론 성명을 채택했다. 안보리는 6월 1일에는 북한의 4~5월 탄도미사일 발사를 비난하는 언론 성명을 채택했다. 6월 22일 북한은 중거리 탄도미사일 2발을 발사했는데, 첫 미사일은 공중 폭발했고, 두 번째 미사일은 400㎞ 비행했다. 역시 바로 다음 날 안보리는 북한 탄도미사일 발사를 비난하는 언론 성명을 발표했다. 그해 8월 26일에는 7~8월 실시된 북한의 탄도미사일 발사 4건을 비난하는 언론 성명을 채택하며 '추가적인 중대조치'를 예고했다. 그야말로 북한의 무력 도발과 이를 압박하는 유엔의 움직임이 긴박하게 쏟아져 나오던 시기였다. 이처럼 미국을 중심으로 한 국제사회와 북한이 극한 대결 국면을 이어가는 동안 북한 노동자는 미국의 대표적 브랜드를 생산해 미국 시장에 공급하면서 외화를 벌어들였다.

👤 "북한 노동자의 나이키·아디다스 생산은 대북제재 위반"

북한 노동자가 나이키·아디다스·리복 브랜드 의류를 만든 시점은 2016년 9월까지이다. 유엔 안보리 대북제재 결의에서 북한 노동자가 만든 섬유 제품을 제재한 것은 2017년 들어서이니 이는 안보리 제재 위반은 아닌 것처럼 보인다. 하지만 네덜란드 라이덴Leiden대학교의 렘코 브루커Remco Breuker 교수는 대북제재를 위반한 것이라고 분석했다. 렘코 브루커 교수는 라이덴대학교 한국학과의 학과장이자 동아시아연구소장으로 유럽에 파견된 북한 노동자를 중심으로 북한 해외 노동자의 인권과 임금 착취 문제를 전문적으로 연구해오고 있다.

렘코 교수는 YTN과의 인터뷰에서 "북한 노동자가 나이키·아디다스·리복 브랜드 의류를 만든 것은 유엔과 미국, 유럽연합의 대북제재 조치 위반이고, OECD경제협력개발기구의 규칙도 위반한 것"이라고 말했다. 그는 "북한 노동자가 노동의 대가로 받는 돈 가운데 일부는 평양의 북한 정부로 가는 것이 명확하다. 그런데 평양이 이 돈을 어떻게 사용하는지는 명확하지 않다. 북한 정부는 이 돈이 핵무기 개발이나 또 다른 무기 생산에 사용되지 않는다는 것을 명확히 증명해야 한다. 그것이 대북제재의 규칙이다."고 말했다. 즉

YTN과 인터뷰하는 렘코 교수. YTN 보도 화면

북한이 노동자의 노동으로 확보한 돈을 핵무기 등 무기 개발에 사용하지 않는다는 것을 입증하지 않고 있으니 그 자체가 대북제재의 규칙을 위반했다는 해석이다.

렘코 교수는 이번 사안은 '북한 노동자 인권'과 '급여 사용처'라는 두 가지 관점에서 주목해야 한다고 설명했다. 그는 "북한 노동자는 열악한 노동 현장에서 규정을 초과한 장시간 노동을 강요당하고 있고, 자신들의 급여가 얼마나 되는지도 정확하게 모른 채 아주 적은 급여를 받고 있으며, 노동 현장을 벗어나 자유롭게 이동하기도 어렵다. 이것은 현대판 노예제로 사람 장사나 마찬가지이다."라고 비판했다. 렘코 교수는 이처럼 혹독하게 일한 북한 노동자 급여가 어디로 가며 그 돈은 어떻게 쓰이는지에 대해서 면밀하게 관찰하는 것이 중요하다고 지적했다. 북한 노동자가 노동의 대가로 번 돈이 평양으로 향해서 어떤 목적으로 사용되는지, 핵무기 등 다양한 무기 개발에 사용되거나 또는 북한 최고위급 인사의 주머니를 채우는 것은 아닌지 규명돼야 한다는 것이다.

🐾 "나이키·아디다스, 진실 투명하게 공개해야"

렘코 교수는 아울러 나이키와 아디다스 본사가 이번 사안의 진실을 적극적이고 투명하게 공개할 것을 촉구했다. 중국 회사를 통해 북한 노동자의 노예 노동력을 이용하는 과정에 중국 회사가 어떤 조건에서 얼마나 많은 인력을 사용했는지, 그들에게 얼마나 되는 돈을 지급했는지 모두 투명하게 밝혀야 한다고 강조했다. 나아가 북한 노동자 개개인에게는 두 회사가 착취 노동력에 대해 보상을 해야 한다고 지적했다.

렘코 교수는 "언론 보도를 통해 이미 누구나 알게 된 사실을 더는 눈감고 모른 척할 수 없다."며 "나이키와 아디다스의 제품생산 라인이 숨김없이 공개되어야 한다."고 언급했다. 그러면서 만일 나이키와 아디다스가 이 문제에 대해 솔직하게 공개하지 않는다면 법적 조치가 이어질 수 있다고 경고했다. 독일 회사인 아디다스는 유럽 쪽에서, 미국 회사인 나이키는 미국에서 제소가 이뤄질 수 있고, 독일과 미국이 모두 회원국으로 돼 있는 OECD에서도 법적 조치 가능성이 있다고 렘코 교수는 말했다. OECD의 경우 국가 간 규칙에서 기업이 취해야 할 규칙이 존재하는데 두 회사는 이를 어긴 것으로 보인다는 것이다.

이인배 협력안보연구원장은 "북한 노동자가 만든 나이키와 아디다스 의류가 미국으로 수출됐다는 사실은 매우 충격적이고 우려스럽다."고 말했다. 이 원장은 "북한 노동자가 이들 의류를 제조한 시기는 미국 사회에서 북한 노동자 인권문제가 대단히 심각하게 다뤄지던 시기였다. 그런 상황에서 세계 굴지의 스포츠 업체에서 그것도 미국을 상징하는 브랜드가 담긴 제품을 북한 노동자가 만들었다는 사실이 매우 놀랍다. 북한의 핵과 미사일 발사를 막기 위해 국제사회가 대북제재를 한창 진행하는 와중에 북한 노동자가 벌어들인 외화가 은밀하게 북한으로 유입된 것은 매우 우려스럽다."고 언급했다. 그러면서 "세계 굴지의 기업들이 중국을 통해 북한 노동자를 활용하고 있다. 국제사회의 대북제재가 더욱 정교하게 집행될 필요가 있다."고 지적했다.

🧑 나이키·아디다스와 대비되는 호주 업체 립컬

북한 노동자가 자사 브랜드 제품을 만든 사실과 관련한 나이키와 아디다스의 대응 방식은 호주의 세계적인 스키 의류업체 '립컬'의 그것과 대비된다. 지난 2016년 2월 호주 언론은 "북한 내 공장에서 생산한 립컬 브랜드 의류가 중국산으로 둔갑해 해외 매장에서 판매돼왔다."고 폭로했다.
북한 노동자가 장시간 노동과 최소한의 임금도 보장받지 못한 채 노예처럼 착취당하는 현실을 지적하며 '립컬'이 소비자를 속였다고 비난했다.

논란이 일자 립컬 측은 발 빠르게 움직였다. 보도 직후 사과 성명을 발표한 데 이어, 10여 일

2016년 2월 호주 시드니모닝헤럴드 홈페이지 내 립컬 관련 보도

뒤에는 하청업체와 관계를 청산하고 북한산 제품의 판매 수익을 전액 자선단체에 기부하겠다고 약속하는 등 6대 후속 조치를 내놨다. 이는 보도 이후 침묵으로 일관했던 나이키와 아디다스 본사의 모습과는 분명히 달랐다.

05장

미국 최대 스포츠 행사에 공급된
북한 노동자 제조 의류

　필자는 북한 노동자가 두 회사의 브랜드 의류를 수년간 생산한 것과 관련해 방대한 자료를 입수했다. 이 자료를 분석하는 과정에서 추가로 파악한 것은 크게 3가지이다. 미국 최대 스포츠 행사인 북미 프로미식축구NFL 챔피언 결승전인 '슈퍼볼super bowl' 경기를 비롯해 미국의 인기 스포츠 결승전에 북한 노동자가 만든 옷이 공급됐다는 점, 아디다스 의류는 이미 2010년부터 북한 나선특별시와 청진시에서 제조돼왔다는 점, 북한 노동자가 나이키나 아디다스 의류를 만든 6년여 기간 대규모 서류 조작과 비자금 조성이 진행됐다는 점이다. 이러한 내용은 모두 나이키·아디다스의 의류를 만드는 데 깊숙이 관여한 X의 폭로를 통해 파악됐다.

우선 북한 노동자가 만든 옷이 미국 최대 스포츠 행사에 공급된 사실부터 살펴보자. 뉴욕 O사가 나이키와 아디다스 본사로부터 제조·판권을 받은 의류는 20세 이하 아동과 청소년용이다. 그런데 이와는 별도로 특수 작업이 이뤄졌다. '슈퍼볼' 경기 때 선수와 선수 가족, 경기 당일 진행요원 등 경기 관련자가 입을 옷을 제작하는 것이었다. 투먼과 훈춘 공장의 북한 노동자는 자신들이 나이키 의류를 생산하는 동안, 해마다 이 빅매치에 사용되는 의류를 제작·공급했다.

슈퍼볼 경기는 매년 1월 말에서 2월 초 일요일에 열려 이날을 슈퍼 선데이Super Sunday라고도 부른다. 슈퍼볼 경기 당일은 미국 전역이 들끓는다. 단 한 번의 승부에 이처럼 많은 관심이 쏠리는 스포츠는 없다. 그래서 슈퍼볼은 전 세계 최대 규모의 단일 경기 스포츠 이벤트라 할 수 있다. 2016년 제50회 슈퍼볼에서 미국인이 지출한 돈은 155억 달러(약 17조 3,000억 원)였다.

최대 경기답게 TV 시청률도 엄청나다. 북한 노동자가 생산한 나이키 슈퍼볼 의류가 공급된 슈퍼볼 경기는 2013년부터 2016년 경기까지 총 4차례라고 X는 말했다. 미국인의 슈퍼볼 시청자 수는 2013년엔 1억 1,300만 명, 2015년엔 1억 1,440만 명으로 집계됐다. 2015년은 역대 최고 시청률인 49.7%를 기록했다. 2016년엔

1억 1,190만 명이 시청한 것으로 집계됐다. 이는 미국 전체 인구인 3억 2,000만 명의 35%에 해당하는 것으로 미국인 3명 가운데 1명이 시청한 셈이다. TV와는 별개로 온라인 스트리밍을 통해 보는 이들도 수백만 명에 이르니 슈퍼볼은 그야말로 미국 최고의 스포츠 경기인 셈이다.

슈퍼볼 경기 당일, 선수는 가족이나 애인의 손을 잡고 걸어 나오는데 이때 선수와 동행자가 입는 옷 그리고 경기장에서 경기 진행 요원이 입는 옷 모두 북한 노동자가 만든 것이었다고 X는 말했다. X는 뉴욕 O사로부터 받은 슈퍼볼 경기용 의류 작업지시서와 사진 등을 증거로 제시했다. 이 옷에는 다른 옷과 달리 슈퍼볼 로고가 별도로 들어가 있다. 온 미국인이 열광하는, 미국 최대의 스포츠 경기에 수년간 북한 노동자가 만든 옷이 공급되는 현실을 언급하며 X는 "과연 미국이 대북제재를 말할 자격이 있는가?"라고 물었다.

슈퍼볼 의류 작업지시서 및 슈퍼볼 로고 부착 의류

NFL 슈퍼볼 외에도 미국 프로농구의 7전 4선승 결승전인 NBA 파이널, 메이저리그 야구의 7전 4선승 결승전인 MLB 월드시

리즈 등에도 북한 노동자가 만든 옷이 공급됐다. 이들 경기는 경기 도중 땀을 많이 흘리거나 금방 지저분해져 수시로 갈아입기에 선수 개인에게 상당히 많은 분량의 옷이 제공됐다고 X는 말했다.

이처럼 미국의 주요 스포츠 결승전에 공급하는 여러 의류는 제작사 입장에서는 달갑지 않은 일이었다. 이들 물량은 수익으로 연결되는 것이 아니라 제품을 납품해야 하는 을Z의 입장에서 갑甲에게 일종의 서비스로 해줘야 하는 작업이었다.

🐾 이미 2010년부터 북한 내 아디다스·리복 의류 생산

이와 더불어 X는 "중국 파견 북한 노동자가 의류를 생산하기 시작한 2012년 5월 이전에 이미 아디다스와 리복 브랜드 의류는 북한 내에서 생산되고 있었다."고 말했다. 2010년부터 북한 나선특별시와 청진시의 봉제공장에서 해당 의류가 생산되고 있었다는 것이다. X의 증언을 정리하면 다음과 같다.

훈춘의 의류 봉제 회사, H사는 오래전부터 북한 나선특별시와 청진시 쪽의 봉제공장과 계약을 맺고 의류 생산을 해오고 있었다. 키스 해링과 펠릭스-제너럴아이디어 의류를 단동 D사와 평양 E사가 합작으로 생산한 것과 같은 방식이다. 노동력이 풍부한 북한 공장에서 주요 생산을 하고 중국 공장에서 소규모 생산을 하는 것이다. 훈춘 H사는 뉴욕 O사의 아디다스 의류 생산 요청도 받았다. 그래서 이에 대한 생산도 2010년 초부터 시작했다. 당시 가장 많이 생산한 것은 리복 브랜드의 NHL북미아이스하키리그 의류였다. 여러 종류의 아디다스 브랜드 의류도 생산이 이뤄졌다.

두 종류의 브랜드 의류는 나선특구 공장에서 40% 정도, 청진시 공장에서 60% 정도를 생산했다. 청진 쪽이 나선 쪽에 비해 임가공비가 15%가량 저렴해 청진에서의 제조량이 더 많았다. 나선특구와 청진에서 만들어진 완제품은 훈춘 H사로 들어갔다. 그리고 산둥성의 옌타이 S사가 만든 것처럼 둔갑했다. 당시 훈춘 H사는 아디다스사로부터 생산 허가를 받은 공장이 아니었기에 공장 허가를 받은 옌타이 S로 생산 공장을 속인 것이다. 이렇게 북한산이 중국산으로 둔갑해 다롄항에서 미국으로 수출됐다.

필자는 훈춘 H사가 북한에서 생산한 의류와 관련한 문서 파일을 입수했다. 2011년 2월 23일 작성된 'ORDER CHART FOR NORTH KOREA'라는 제목의 파일이다. 북한에 주문한 제품을 정리해둔 파일이다. 제품은 총 5가지이고 최종 목적지로 미국의 대형 할인 백화점 여러 곳을 각각 기록하고 있다.

1번 제품은 NFL미식축구 자이언츠팀 로고가 들어간 2세부터 4세까지, 그리고 4세부터 18세까지 남자 옷 37,163장이다. 미국의 K마트K-MART와 시어스SEARS가 최종 목적지로 돼 있다. 2번 제품은 역시 NFL 자이언츠팀 로고가 들어간 4세부터 18세까지 남자 옷 18,456장으로 최종 목적지는 월마트WALMART와 샵코SHOPKO이다. 3번 제품은 NFL 로고가 들어간 다양한 연령대의 여성 옷으로 총 22,338장이다. 이들 제품은 모두 K마트로 가는 것으로 돼 있다. 4번 제품은 2세부터 4세, 4세부터 6세까지의 NFL 여아 의류 62,328장으로 최종 목적지는 타겟TARGET과 샵코이다. 5번 제품은 미국의 각 대학 로고가 들어간 7세부터 16세까지 여자 옷 18,900 장으로 최종 목적지는 월마트이다. 북한에서 생산한 5가지 종류의 옷은 총 159,186장이다.

	PHOTO	LICENCE	REF #	SIZE	QTY	PO#		TEAM	DELY
	NORTH KOREA PRODUCTION						2011. 02. 23		
1	GIANTS	NFL BOYS	MU2	2-4T " 4-18 " "	8,712 2,772 20,064 5,616 37,164	57022 57023 57025 57026	K-MART SEARS K-MART SEARS	21 20 21 21	########
		** 100% POLY CHAINSTITCH MESH ** SCREEN PRINT **							

2011년 2월 작성한 북한 작업 리스트 파일 중 일부

2011년 3월 20일 작성된 '훈춘 북한 생산HUNCHUN NORTH KOREA PRODUCTION'이라는 제목의 또 다른 엑셀 파일을 보면 이들 5가지 제품에 들어가는 원자재와 부자재의 입출항 시간 그리고 완제품 의 목적지 도착 예정 날짜가 기재돼 있다. 파일 하단에는 '2월 21 일 임가공 결정 작업 북한 작업 진행'이라고 적혀 있다. 또 다른 파 일에는 5가지 종류의 완제품과 관련해 디자인과 작업지시서, 크기 별 생산량 등등 아주 세부적인 내용의 방대한 기록이 담겨 있다.

B				ETA INCHEON	ETD DALIAN				
	1- MU2	37,164	4/10	3/06	3/08				
	2- MXL	18,456	4/10						
	3- MXL	22,338	4/10	3/03	3/04				
	4- MXX	62,328	4/30	3/17	3/19				
	5- MPB	18,900	5/15						
	TOTAL	159,186							

** 2월 21일 임가공 결정 작업 북한 작업 진행 **

FERRY $1,290
화물선 $400

2011년 3월 작성된 훈춘 북한 생산 파일

이밖에 2012년 3월 9일 서울 H사가 훈춘 H사에 임가공 대가로 송금한 외화 송금 관련 은행 자료가 있고, 2012년 북한에서 만든 일부 제품의 임가공 작업 결산 관련 자료도 있다. 또 2011년 3월 서울 H사가 훈춘 H사에 보낸 원부자재 관련 서류, 2010년 12월 미국 O사가 요구한 리복 의류 모델 수정과 관련한 자료도 있다.

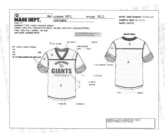

미국 O사가 제시한 NFL 자이언츠팀의 로고가 들어간 의류 디자인. 북한에서 만들어 K마트로 납품

2011년 3월 서울 H사가 훈춘 H사에 보낸 원부자재 관련 서류

🏭 허가 공장에서 생산한 것처럼 각종 서류 조작

2010년 당시 아디다스 본사가 중국에서 의류 생산을 허가한 공장은 산둥성 옌타이 S사 등 극히 소수였고, 지린성에는 아예 없었다. 지린성 훈춘 공장에서의 생산도 해서는 안 되는 것이

훈춘 공장 작업을 위해 서울 H사가 옌타이 S사로 보낸 원단 명세서

었다. 그래서 서류상 북한은 물론이고 훈춘에서도 생산하지 않은 것으로 조작됐다. 필자는 이러한 종류의 조작을 뒷받침하는 증거 서류도 입수했다.

투먼과 훈춘 모두 나이키 공장 허가가 아직 나지 않은 시점인 2013년 1월 4일. 서울 H사는 나이키 NFL 의류 생산용 원단을 옌타이 S사로 보내는 서류에서 '훈춘 작업 분'이라고 표시했다. 또 서

투먼 공장 작업을 위해 서울 H사가 옌타이 S사로 보낸 원부자재 표시 공문

울 H사가 옌타이 S사로 보내는 원부자재 기록 문건에는 '투먼 공장 작업 건'이라고 적혀 있다. 이는 나이키 본사의 공장 인가를 받은 옌타이 S사에서 만드는 것처럼 원부자재의 도착지를 S사로 기록하면서도 내부적으로는 알아보기 위해 '투먼 공장 작업 건'이나 '훈춘 공장 작업 건'이라고 별도 표

기해 둔 것이다.

이밖에 옌타이 S사가 서울 H사로부터 받은 원부자재를 다시 훈춘 H공장으로 보내는 원부자재 기록도 있다. 실제 작업을 하는 훈춘 공장으로 원부자재를 보내는 것이다. 이처럼 나이키와 아디다스 회사로부터 허가받은 공장에서 제조한 것처럼 위조하기 위해 만든 서류는 셀 수 없을 정도로 많다.

옌타이 S사가 훈춘 H사로 보낸
나이키 NFL 원부자재 상품
명세서

옌타이 S사의 투먼 공장 작업분
표기 상품명세서

🐾 임가공비 조작으로 연간 6,000만 달러 비자금 조성

이렇게 장기간에 걸쳐 다양한 서류 조작이 이뤄지는 와중에 탈세와 비자금 조성도 이뤄졌다고 X는 폭로했다. 이 모든 것을 뉴욕 O사와 서울 H사가 기획했고, 이들로부터 주문을 따내야만 하는 기업으로서는 탈세와 비자금 조성을 위한 각종 요구를 들어줄 수밖에 없었다고 X는 털어놨다. 다음은 X의 설명이다.

서울 H사가 뉴욕 O사와 손잡고 일하기 시작한 시점부터 H사는 O사의 자금 세탁 대행을 하겠다고 약속했다. 예를 들자면 옷 한 벌 만드는데 들어간 비용이 4.3달러인데 미국 나이키와 아디다스 본사에는 8.3달러를 신고해 이 금액으로 받는다. 나이키와 아디다스 본사로부터 8.3달러를 받은 이후 차액은 현금으로 O사로 전달한다.

이런 방식으로 서울 H사는 투먼이나 훈춘 회사로 과다하게 송금했다. 투먼과 훈춘 공장에서 실제로 받아야 할 돈이 100만 달러라면 300만 달러를 보낸다. 나이키와 아디다스 본사에는 투먼과 훈춘 공장으로 300만 달러를 송금한 서류를 제출한다. 그리고 투먼과 훈춘 공장으로부터 나중에 200만 달러를 현금으로 돌려받는다. 자금 세탁 과정은 증거를 남기지 않아야 하므로 정상적인 은행 송금 절차는 없었다. 모든 것이 007작전처럼 흔적을 남기지 않도록 진행됐다. 대표적인 것이 환치기였다. 서울과 중국에서 서울 H사 직원과 환치기상은 각자 자금이 든 트렁크를 차에 싣고 나와 만난다. 각자의 상대방으로부터 전화 연락을 받은 뒤 서로 돈 트렁크를 교환해 금액을 확인하고는 헤어지는 방식이다. 007식 환치기는 매월 장소를 바꿔가며 진행했다. 이런 작업은 서로 믿을 만한 전문 환치기상과 했고, 한번 거래 때마다 수십만 달러의 돈이 오갔다. 이렇게 해서 서울 H사와 뉴욕 O사가 공동으로 조성한 비자금은 1년에 6,000만 달러 규모였고, 탈세도 어마어마하게 이뤄졌다고 X는 폭로했다.

👤 최소 1,500만 장 생산으로 북한에 흘러들어간 돈 1,100만 달러

그러면 북한 노동자가 나이키·아디다스·리복 브랜드 의류를 만드는 과정에 북한이 벌어들인 외화는 얼마나 될까? 수년간 작업에 관여한 X는 "북한 노동자가 6년여 기간 만든 나이키·아디다스·리복 브랜드 의류는 최소 1,500만 장이 넘고, 이 과정에 북측에 건넨 돈은 최소 1,100만 달러가 넘을 것"이라고 추산했다. 매월 세관을 통관해 미국으로 수출되는 이들 브랜드 제품 물량과 북한 노동자 인건비 등을 분석한 결과이므로 신뢰도가 상당히 높다고 할 수 있다.

구체적으로 보면 이렇다. 우선 투먼과 훈춘의 북한 노동자가 만든 나이키·아디다스·리복 의류는 연간 350만 장으로 4년이면 1,400만 장이 된다. 그리고 나선특별시와 청진시에서도 해마다 30만 장씩 6년 정도 만들었으니 북한과 중국에서 북한 노동자가 만든 옷은 총 1,500만 장이 넘는다.

투먼과 훈춘의 북한 인력담당 회사 측에 매월 건넨 돈은 노동자 1인당 1,800위안(월급 1,500위안과 식대 300위안)이었다. 투먼의 노동자 438명과 훈춘의 노동자 200명, 총 638명에게 지급한 돈은 매월 114만 8,400위안, 1년이면 1,378만 800위안이다. 당시 위안화·달러 환율로 계산하면 약 218만 7,000달러에 해당한

다. 나선특별시와 청진시에서 생산하면서 지급한 돈은 1장당 평균 2달러, 연간 30만 장 생산했으니 1년이면 60만 달러가 된다. 이를 중국의 북한 노동자가 번 외화와 더하면 1년에 총 278만 8,000달러가 된다. 4년만 계산해도 나이키·아디다스로부터 북측에 흘러든 돈은 1,100만 달러 이상이 된다.

중국 파견 북한 노동자의 월급은 북한 당국과 북한 인력 송출 회사, 그리고 북한 노동자 이렇게 3자가 나눠 가졌다. 북한 정부는 30% 정도, 북한 인력 송출 회사는 40% 정도 가져가고, 나머지 30%가 노동자의 몫이다. 해외에서 일하는 북한 노동자의 월급 거의 전부를 북한 당국이 가져간다고 그동안 많은 언론이 전했는데 이는 사실과 다르다는 것이 X의 설명이다.

점심 식사하러 식당으로 가는 투먼의 북한 노동자

나이키·아디다스 제품의 북한 노동자 생산과 미국 수출 과정을 총정리하면 이렇다. 양사 제품의 제조·판권을 소유한 뉴욕 O사는 서울 H사로 의류 생산 발주를 했다. 서울 H사는 나이키·아디다스 두 회사의 제품을 생산할 수 있는, 공장 허가가 난 중국 산둥성 옌타이의 S사에 생산 의뢰를 했다. 그 물량은 한 해 수백만 장에 이른다. 그런데 옌타이 S사는 공장 생산 직원이 수십 명에 불과해 이처럼 많은 물량을 생산하는 것이 불가능해 일부만 생산했다. 나머지 물량 생산은 중국의 다른 공장 또는 북한 나선특별시와 청진시 공장에서 이뤄졌다. 서울 H사는 본사로부터 인가받지 않은 중국 공장이나 북한 공장에서 생산한 완제품을 정식 허가받은 공장에서 모두 생산한 것처럼 위조해서 '중국산' 나이키·아디다스·리복 브랜드 의류를 미국으로 수출했다. 단순히 서류 조작에만 그친 것이 아니다. 서울 H사는 뉴욕 O사의 자금 세탁 담당 역할을 하면서 O사가 천문학적인 규모의 비자금을 조성하는 데 결정적인 역할을 했다. 이 모든 일이 가능했던 장場은 바로 중국이었다.

PART 3

2018년 중국 속 북한과 중국식 대북제재

01장

2017년 제재 직후의 중국에선

🔖 해외 파견 북한 노동자에 대한 유엔 안보리의 제재

CJ의 북한산 의류 판매와 나이키·아디다스 의류의 북한 노동자 생산, 이 모든 것은 중국을 경유해 발생했다. 중국 기업이 없다면 불가능한 일이었다. 북한을 바라보는 창窓, 중국의 위상을 알수 있다. 2017년 유엔 안전보장이사회 대북제재 결의가 쏟아진 이후 안보리 5개 상임이사국의 하나인 중국에서는 어떤 일이 벌어졌을까?

우선 2017년 4차례 채택된 유엔 안보리 대북제재 결의, 그중에서도 8월·9월·12월에 채택된 3차례 결의를 구체적으로 살펴보자. 모두 '해외 파견 북한 노동자' 문제를 언급한 점이 특징이다. 8월 5일 채택한 결의 2371호는 북한 해외 노동자 수를 동결함으로

써 신규 채용을 금지했다. 유엔 안보리가 해외 파견 북한 노동자를 언급하며 제재를 가한 것은 이때가 처음이었다. 9월 11일 결의 2375호는 북한 노동자의 신규 허가 금지를 언급하면서 기존 노동자는 고용 기간이 만료되면 추가 연장을 못하도록 했다. 그리고 12월 22일 채택한 결의 2397호는 해외 파견 북한 노동자를 2년 이내에 귀환시키도록 했다. 3차례 결의를 통해 안보리는 북한 해외 노동자를 새로 고용하지 말고 기존 노동자는 2019년 말까지 모두 북한으로 송환 조치하라고 쐐기를 박은 것이다. 유엔 안보리가 이러한 결정을 내린 이유는 북한 노동자가 해외에서 벌어들이는 외화의 규모가 상당히 크고 이것이 북한의 핵·미사일 개발에 사용된다고 판단해서다.

2017 유엔 안보리 대북제재 결의	북한 해외 노동자 관련
2371호(8월 5일)	노동자 수 동결(제재위 승인 시 예외)
2375호(9월 11일)	노동자 신규 허가 금지 (계약기간 만료 시 연장 금지)
2397호(12월 22일)	노동자 24개월 내 송환

북한 노동 인력 철수 지시한 중국 중앙정부

안보리 결의안 2397호 채택 직후인 2017년 크리스마스 무렵 중국 정부는 지린성 옌볜조선족자치주 투먼시장에게 공문을 보냈다. 이 공문을 직접 본 지린성의 소식통은 자세한 내용을 전해왔다. 공문에는 안보리 결의 2397호를 언급하며 투먼 북한공업단지소속 북한 노동자를 2년 안에 모두 철수시키라는 내용이 담겼다. 투먼 북한공업단지는 중국이 최초로 승인한 북한 인력 공업단지로 2012년 5월부터 북한 노동자가 파견돼 일하기 시작했다. 투먼에 처음 파견된 이후 북한 노동자는 옌볜조선족자치주 각 지역으로 보내졌다. 일단 투먼 북한공업단지를 통해 북한 노동자를 받아들이는 행정 절차를 거친 뒤 옌볜자치주의 각 지역으로 파견하는 형식을 취했다. 베이징北京에서 보내온 공문은 2017년 말 기준으로 투먼 북한공업단지 소속 옌볜조선족자치주의 북한 노동자 1만여 명을 2년 내 돌려보내라는 지시였다.

베이징의 지시는 북한 노동자를 활용하는 중국 기업과 이를 통해 적잖은 세금을 거둬들이는 투먼시 등 지방정부, 인력을 공급하는 북한 당국 모두에게 받아들이기 어려운 것이었다. 투먼시 같은 시골 동네에 기업이 활발히 진출한 건 바로 북한 노동자 때문이었다. 저렴하고 부지런한 북한 노동력을 쓸 수 있다는 소식에 공장 설립이 줄을 이었다. 덕분에 늘 적자에 시달리던 투먼시 재정은 흑자로 전환했다. 투먼시뿐 아니라 북한 노동력이 진출한 훈춘, 허룽和龍 등 옌볜조선족자치주의 다른 지역에도 '북한 노동자 2년 내 철수' 지시는 경제에 치명타를 주는 사건이었다. 물론 북한에도 타격이었다. 북한 정부는 합법적 노동자 송출을 늘려 정부 수입을 늘리고 있었기 때문이다.

그러나 당사자들은 베이징의 지시를 그리 심각하게 여기진 않았다. 베이징 당국이 이를 실행에 옮기지 않을 것이라고 보았다. 공문에 대한 문의가 이어지자 지린성 상무국의 한 고위 간부는 "안보리 결의를 이행하려고 일단 무조건 나가라고 지시한 것이다. 하지만 2년 안에 다 해결될 테니 너무 걱정하지 마라."고 했다.

합법적 북한 노동자가 일하는 두만강 일대 지린성 옌볜조선족자치주와 달리 압록강 일대 랴오닝성 단둥은 불법 노동자가 대부분이다. 중국 당국은 단둥 일대에서 북한 노동자 즉시 귀국을 수시로 종용했다. 그러던 2017년 12월 말 오전 11시쯤, 단둥 세관 측에서 한 공장에 갑자기 들이닥쳐서는 일하고 있던 북한 노동자 120여 명을 모두 쫓아냈다. 이들은 당시 한국에서 인기를 끌던 '롱패딩'을 생산하고 있었다. 이 공장에 주문을 넣었던 한국인 사업가도 낭패를 봐야 했다. 단둥 당국은 이런 식으로 공장 여러 곳을 급습해 불법 취업 북한 노동자를 쫓아냈다.

반면 아무런 문제가 없는 공장도 있었다. 실제 주인이 한국인(중국인 아내가 대표)인 한 공장에서는 한국의 유명 브랜드 의류를 오래전부터 생산해오고 있었다. 유엔 제재와 단둥 당국의 단속도 공장 운영에 아무런 영향을 미치지 않았다. 더 놀라운 섬은 이 공장에 해당 한국 브랜드 관계자가 상주하면서 북한 노동자의 제품 생산 과정을 꼼꼼히 점검했다는 사실이다. 단둥의 소식통은 이런 현실을 전하면서 비밀리에 한국 브랜드 의류를 만드는 공장이 2018년 초 기준으로 단둥 일대에만 20곳 정도 된다고 말했다.

🎙 은밀히 북한의 뒤를 봐주는 중국

중국의 대북 사업가 Z는 2018년 1월 하순 옌볜조선족자치주의 한 북한 식당에서 중국 지방정부 관계자, 북한 기업인 여러 명과 함께 술을 겸한 저녁 식사를 했다. 이 자리에서 중국 정부 관료는 "1월 중순 옌볜자치주 투먼과 훈춘 지역의 북한 노동자 147명의 비자를 연장해줬다."고 말했다. 중국 관료가 말한 북한 노동자 147명은 중국 정부가 북측과 계약을 맺고 수입하는 '공식' 북한 인력이다.

옌볜조선족자치주에는 2018년 1월 기준으로 북한 노동자 1만 2,000명가량이 일하고 있었다. 이들은 1년마다 비자 갱신을 하며 통상 3년 기간으로 일했다. 그런데 2017년 9월 유엔 안보리가 채택한 대북제재 결의 2375호로 인해 비자 갱신 일정에 차질이 생겼다. 비자 기한이 만료된 이들을 북한으로 당장 송환 조치해야 하는데, 중국 당국은 이들을 내쫓지도 않았고 그렇다고 비자를 연장해주지도 않았다. 대신 북한 인력 송출회사 측에 "분위기가 좋지 않으니 기다려보라. 내쫓진 않을 테니 너무 걱정하지 마라."며 달랬다.

이렇게 몇 개월을 지내다 2018년 1월 중순 이들 147명의 비자를 모두 연장해준 것이다. 147명을 시작으로 중국의 다른 지역에서도 비자 연장 조치가 진행됐다. 중국 관료는 1월 하순 술자리에서 북한 기업인 대표들에게 "중국은 너희에게 이렇게 잘해주고 하는데 너희도 우리 말 좀 잘 들어라. 우리가 하라는 대로 좀 해라. 우리가 그렇게 호락호락한 줄 아냐."라고 꾸짖기도 했다.

안보리 대북제재 결의 2375호에는 "북한과 합작 사업 설립, 유지, 운영을 전면 금지하고 기존 합작 사업체는 120일 이내에 폐쇄해야 한다."는 내용도 담겼다. 이와 관련해 중국 상무부는 결의 채택 10여 일 뒤인 9월 28일 "합작 또는 합자, 단독 투자 등의 형태로 중국에 설립한 북한 기업은 2018년 1월 9일까지 문을 닫아라." 하고 공지했다. 중국에서 운영되는 북한 식당도 여기에 해당했다. 폐쇄 명령 하루 전날인 1월 8일 중국 외교부 정례 브리핑에서 '북한 기업이 지분 변경 등의 편법으로 중국에서 계속 영업한다면 대책이 무엇이냐'는 질문이 나왔다. 이에 루캉陸慷 대변인은 "안보리의 모든 대북제재 결의는 집행 방법과 관련해 자세한 규정을 두고 있고 어떤 허점도 생기지 않도록 하고 있다. 허점이 발생하면 엄격하게 법에 따라 조사하고 처리할 것"이라고 답했다. 하지만 현실은 그렇지 않았다.

당장 앞서 전한 것처럼 1월 하순 중국 지방 관료와 북한 기업 대표 등이 저녁을 함께한 식당도 북한 식당이었다. 폐쇄 조치하겠다는 북한 식당에서 중국 지방정부 관료마저 저녁 식사를 한 것이다. 라오닝성 다롄의 소식통은 다롄시에 있는 대규모 북한 식당은 한글 간판까지 버젓이 내걸고 성황리에 영업하고 있다고 전했다. 이 식당은 5층짜리 건물 전체에서 북한 종업원 60여 명이 일하는데 매 층에 손님이 꽉 찼다. 이 식당의 주요 고객은 대부분 중국인이었다.

중국의 대북제재 위반 행위는 이뿐만이 아니다. 중국의 소식통은 중국 A그룹의 사례를 들면서 중국산 유류가 계속 북한으로 들어가고 있다고 전했다. A그룹은 유류 사업을 중심으로 운수업과 건설업 등 다양한 분야에 진출한 대규모 기업으로 사장은 조선족 중국인이다. A그룹은 평양과 나선특별시, 청진 등 북한 여러 지역에서 주유소도 운영하고 있다.

A그룹 석유 담당 사장은 대북제재 와중에도 두만강 일대 북·중 접경 지역에서 아주 쉽게 북한으로 기름을 빼돌리고 있다고 자랑했다. 방식은 이렇다. 과거엔 중국산 기름을 가득 실은 유조차를 두만강 얕은 지류까지 몰고 오면 얕은 지류 건너 북한 트럭에서 지류 쪽으로 호스를 길게 내놓았다. 이 호스를 유조차로 연결해 기름을 받아갔다. 즉 유조차를 활용한 기름 밀수다. 안보리 대북제재가 강화된 이후에는 눈에 띄는 유조차 대신 개조한 트럭에 천막을 씌운 채 기름을 싣고 와서는 북측 호스로 기름을 전달하는 방식을 취했다.

이러한 대북 유류 밀수는 옌볜조선족자치주 허룽과 룽징龍井 등 3~4개 지역에서 은밀하게 진행됐다. 허룽 쪽으로 들어간 기름은 나선특별시 쪽으로 보내지고, 룽징 쪽으로 들어간 기름은 청진시 쪽으로 보내졌다. A그룹은 이처럼 중국산 기름을 북한에 대량으로 보내는 한편 북한산 철광석을 밀수했다.

중국 허룽시의 진(鎭), 난핑(南坪)에서 북한 무산광산 철광석을 내리고 있다.

북한 무산광산 철광석을 운반하는 북한 번호판을 단 중국제 트럭

02장

김정은 방중 이후 북·중 밀월

🔺 김정은 첫 방중에 흥분한 북측 사업가

    중국에서 안보리 결의를 위반한 사업이 은밀하게 지속하긴 했지만, 기본적으로는 대북제재로 인해 북한이 받는 충격은 만만치 않았다. 북한으로 이어지던 주문이 속속 끊어졌고, 이로 인해 대북 사업가와 북한 노동자가 어려움을 겪었다. 이런 상황에서 2018년 3월 25일부터 3박 4일간 전격적으로 '김정은 방중'이 진행됐다. 중국의 대북 사업가와 북한 노동자에게 이는 '긴 가뭄 뒤 단비'와도 같은 소식이었다. 그들은 북·중 정상회담으로 제재가 풀릴 것으로 기대했다.

    중국 랴오닝성에서 대북사업을 하는 중국인 C는 사업 파트너인 북측 인사들이 '김정은 방중'과 관련해 보여준 흥분을 고스란히 전해왔다. C는 김정은 위원장이 방중 일정을 마치고 귀국한 3월 28일 북한 사업가 여러 명을 만났다. 첫 만남부터 이들의 표정에서 얼마나 고무됐는지 알 수 있었다. 이들은 발언마다 "역시 김정은 동지"라며 열광했다. 이들은 들뜬 채 이렇게 말했다. "우리가 그토록 꿈꾸던 최고 지도자 김정은 동지가 드디어 중국에 오셨다. 김정은 동지가 움직이면 안 되는 일이 없다. 제재? 이제 다 끝났다. 김 동지가 움직이면 모든 문제가 해결된다. 서둘러 오더(주문)나

김정은·시진핑의 첫 회담을 보도한 북한 로동신문

준비해라. 이제 사업 크게 벌이는 일만 남았다."

남북 정상회담 개최 합의와 북·미 정상회담 합의 이후 북·중 정상회담까지 이어지는 긴박한 움직임에 대해 이 모든 것이 김정은 위원장의 영도력 덕이라는 것이 이들의 공통된 인식이었다. 그 때문일까. 북한 인사를 접하는 일부 중국 사업가도 이와 비슷한 생각을 하게 됐다. '황제'로 불리는 시진핑 주석으로부터 환대를 받는가 하면 세계 최강대국, 미국의 대통령과도 회담을 끌어내는 현실을 접하면서 "가난한 나라의 어린 지도자가 대단하긴 대단하 다. 세계 최고 지도자와 잇달아 만나는 것을 보니 정말 뭔가 능력 이 있긴 있나 보다." 하고 생각했다.

🎈 밀수 잡겠다던 중국군 어느새 철수

유엔 안보리가 대북제재 결의 2371호를 채택할 무렵 중국군 무경부대武警部隊, 인민무장경찰부대가 2017년 8월 중순부터 훈춘 취안 허圈河 세관 등에 투입됐다. 부패 세관원을 그대로 두고서는 북한 과의 불법 교역을 근절할 수 없겠다는 판단 아래 군을 투입해 세 관원을 업무에서 배제하고 세관 업무를 대신하게 한 것이다. 당시 조치로 훈춘 등 북·중 접경지역에서 활동하던 대북 사업가 상당수 가 폐업하거나 도산했다.

그런데 세관을 접수했던 중국 무경부대가 김정은 위원장의 3

월 말 중국 방문을 계기로 본연의 자리로 돌아갔다. 무경부대 철수는 김 위원장의 방중 직전 일부 이뤄졌고, 방중 일정을 끝마친 직후 거의 마무리됐다. 중국 당국의 밀수 단속도 눈에 띄게 달라졌다. 무경이 철수한 이후 중국 세관원은 북한 밀수에 대해 "말없이 눈감는다." "안 잡는다."는 표현을 했다. 북·중 접경지역의 대북 사업가는 북한과의 사업이 활기를 띨 것이라며 큰 기대감을 드러냈다.

🌱 북·중 접경지 곳곳에 조성되는 북한 노동자 공단

'북·중 밀착' 움직임은 옌볜조선족자치주 북한 노동자 공단 조성에서도 확인됐다. 옌볜자치주는 6개 시와 2개 현으로 구성돼 있다. 자치주 가운데 투먼시는 2011년 조선공업원(북한공업단지)을 조성했고, 이듬해 5월부터 북한 노동자가 일하기 시작했다. 이들은 중국 정부가 공식적으로 수입한 최초의 북한 노동자다. 투먼시의 북한 노동자 공단은 옌볜자치주 내 다른 시를 자극했다. 이웃 훈춘시가 곧바로 북한 노동자 수입을 단행했다. 북한 노동자를 서로 먼저 수입하겠다고 투먼시와 훈춘시가 다투는 일까지 생길 정도로 경쟁이 치열했다. 이후 옌지시, 룽징시, 둔화敦化시, 히룽시 순으로 북한 노동자 수입이 이어졌다.

그리고 2017년 안투安圖현에도 북한 노동자가 일할 공단이 조성됐고, 이 공단에 2018년 상반기에 12개 공장이 완공됐다. 주로 봉제공장이었다. 안투현의 북한 인력 공단에서는 북한 노동자 300명을 먼저 받기로 했다고 당시 소식통은 전했다. 2018년 신규 북한 노동자 고용, 그리고 이들이 생산한 섬유 제품을 판매하는 행위 모두 유엔 안보리 대북제재 결의 2375호 위반이다.

안투현은 백두산 관광과 인삼으로 유명한 곳으로 인구는 27만 명가량이다. 중국 정부는 백두산을 국가급 자연보호구역으로 관리한다. 안투현에는 연중 관광객의 발길이 끊이지 않는다. 이곳에는 백산수白山水와 와하하娃哈哈 등 유명 생수 공장도 여러 개 있다. 백두산 관광과 공장 유치 등으로 안투현은 세稅수입이 풍부하다. 안투현은 지역 경제가 잘 돌아가 옌볜자치주의 다른 지역과 달리 북한 노동자 고용에 별로 관심이 없었다. 북한 인력을 들여와 봤자 관리하는 데 골치만 썩게 된다는 것이 안투현 지도부의 판단이었다. 하지만 나중에는 생각을 바꿔야만 했다. 옌볜자치주의 다른 지역 기업 여러 곳이 북한 인력 고용에 따른 혜택을 톡톡히 보는 현실을 목도했기 때문이다.

안투현이 북한 노동자 공단을 조성한 시점도 주목할 만하다. 2017년은 유엔 안보리 대북제재가 최고조로 치닫던 시기로 중국 역시 그 어느 때보다 고강도로 대북 압박을 공개적으로 표명하며 제재에 가담했다. 그런데 다른 한편으로는 북한과 중국이 서로의 필요에 따라 북한 인력 고용을 위한 준비를 차곡차곡 해온 것이다.

안투현까지 북한 노동자가 일할 공단 조성에 참여하면서 2018년 상반기 기준으로 옌볜자치주에서 북한 노동력 고용 계획이 없는 지역은 왕칭汪淸현뿐이었다. 왕칭현은 백두산 기슭의 산지 지형으로 평균 해발고도가 806m나 된다. 지리적 특수성으로 인해 기업 활동이 쉽지 않다. 그런데 2019년 5월 옌볜자치주의 소식통을 취재한 결과, 왕칭현에서도 북한 노동자 공장 설립을 추진 중인 것으로 파악됐다. 이렇게 되면 옌볜조선족자치주 전 지역에 북한 노동자 공장이 가동되는 것이다. 북한 인력이 일하는 공단을 조성한 옌볜자치주 7개 지역 가운데 '북한공업단지'라는 공식 명칭을 붙인 지역은 투먼시뿐이다. 나머지 6개 지역은 '경제개발구' 등의 타이틀 아래 티 나지 않게 북한 인력 공장을 운영하고 있다.

눈 내린 투먼 북한공업단지 내의 북한 노동자

🎐 북한 땅에 건설되는 중국 공단

초창기 투먼으로 북한 노동자를 받아들이기 시작할 무렵 북한과 중국 정부는 옌볜자치주 전체에서 총 20만 명의 북한 노동자를 수용하기로 계획을 세웠었다. 투먼에 2만 명, 훈춘에 3만 명 등 지역별로 구체적 목표치까지 정해뒀다. 그리고 북한 노동력을 활용한 이후 실제로 그 효과가 검증되자 자치주 곳곳의 기업이 경쟁적으로 북한 노동력을 요청했다.

북한 노동자에 대한 중국 기업의 수요가 급증하면서 북한도 해외 송출 노동자의 폭을 확대했다. 기존에는 평양 출신이 우선이었다. 평양에 본사가 있는 회사만 인력을 보낼 수 있도록 규정했다. 이런 회사는 주로 규모가 큰 회사일 수밖에 없었다. 초창기 해외 송출 인력의 구성도 평양 출신이 90%, 나머지 10%가 지방 출신이었다. 그런데 이후엔 평양 회사와 지방 회사가 합작한 경우에도 인력 해외 송출을 허용했다. 이로 인해 지방 출신 인력이 크게 늘었다. 이로써 2018년 기준으로 해외 송출 인력의 주主는 평양 출신이 아니라 지방 출신이 됐다.

북한 노동자 공단 조성은 중국 지역에서만 이뤄지는 것이 아니었다. 접경지역 북한 땅에서도 중국은 공단 조성에 박차를 가했다. 북한 유일의 중국 공단은 나진·선봉지구, 즉 나선특별시에 조성돼 있다. 그런데 이런 종류의 중국 공단을 북·중 접경지역으로 확대했다. 당장 두만강을 사이에 두고 투먼시와 마주하는 남양시에서 공업단지 조성을 추진했다. 중국 정부는 2016년 말 또는 2017년 초 무렵 남양시에 중국 공업단지를 조성하는 사업추진을 허가했다. 남양시는 인구가 적고 경제가 낙후돼 있어 폐허나 다름없는 지역이다. 중국에서 공단을 조성해주면 일자리가 생기고 지역 경제가 살아나기에 북한으로서는 당연히 환영했다.

남양시 중국 공단 조성계획은 2017년 안보리 대북제재 결의가 잇따르자 한동안 중단됐다. 사업을 포기할 수 있다는 전망까지 나왔으나 2018년 3월 말 북·중 정상회담을 계기로 본격적으로 추진하기 시작했다. 소식통은 투먼시에서 남양시로 들어가는 통로인 두만강 입구까지 전기선이 들어갈 수 있도록 지하 공사도 마무리했다고 전했다. 전기 부족에 허덕이는 남양시로서는 투먼시의 전기 공급이 무엇보다 반가웠을 것이다.

투먼시는 원래 옌볜자치주 시·현 가운데 가장 낙후된 지역이었다. 맞은편에 있는 인구 1만 8,000여 명의 북한 남양이 시市로 승격되자 투먼도 이와 급을 맞추겠다며 시로 승격했다. 당시 투먼시에는 남양시 주민들이 아침마다 '남시장'이라는 곳에 들어와 장사한 뒤 오후 4시면 퇴근했다. 남시장이 활성화하면서 북한 주민이 자주 나타나자 북한 사람을 보겠다는 관광객의 발길이 이어졌다. 이들 가운데는 한국인도 많았다. 그러자 북측에서 이를 문제 삼았고 이후 남시장은 쇠퇴했다. 이렇게 '시장'을 통한 북·중 민간 교류의 장을 열었던 투먼이 중국 최초로 북한 노동자 공업단지를 조성한데 이어 맞은편 북한 땅에서까지 중국 공단 조성을 준비했다.

북한 내 중국 공단 추진은 남양시에서만 이뤄지는 게 아니다. 옌볜자치주 도시와 접한 북한 땅 여러 곳에서 중국 공단 건립이 추진됐다. 중국이 북한 땅에서 공단을 건설하는 이유는 무엇일까? 지방의 북한 노동자가 중국으로 나와 일하려면 북한에서의 절차가 까다롭고 인력이 나오기까지 시간도 오래 걸린다. 그래서 아예 접경지역 북한 땅에 공단을 만들어 놓고 그곳에서 노동자를 빨리 구해 작업하려고 한다.

이런 상황에서도 중국은 대외적으로는 안보리 대북제재 결의를 잘 이행하고 있다고 주장했다. 2018년 4월 4일 미국의 소리VOA 방송은 "중국 정부가 북한의 해외 파견 노동자 전원을 2019년 말까지 본국으로 송환하도록 한 유엔 대북제재에 동참한다는 내용이 담긴 대북제재 이행보고서를 유엔 안전보장이사회에 제출했다."고 보도했다. 보고서에는 중국에서 일하는 기존 북한 노동자에 대한 취업 허가가 2019년 12월 22일 이후까지 연장되지는 않을 것이라는 내용이 담겼다. 또 철강과 금속 등에 대한 대북 수출 금지를 비롯해 다양한 제재 이행 내용이 포함됐다.

03장

북한을 기회로 활용하는 중국

🔼 대북투자 선점을 독려한 중국 지방정부

2018년 6월 12일 사상 첫 북·미 정상회담이 싱가포르에서 열렸다. 당시 김정은 위원장이 이용한 항공기는 전용기 '참매 1호'가 아니라 중국 국영 에어차이나의 보잉 747기였다. 중국은 김 위원장의 안전을 위해 자국 영공에서 전투기 호위도 제공한 것으로 알려졌다. 김 위원장의 첫 정상회담 상대이자 3월과 5월 두 차례나 정상회담을 한 중국은 '북한 후견국'이라는 표현이 결코 과장이 아님을 연거푸 보여줬다.

사상 최초 북·미 정상회담을 앞두고 6월 1일 다롄의 한 호텔에서 다롄복장(의류)협회 모임이 열렸다. 중국에는 산업별로 다양한 협회가 조직돼 있는데 형식적으로는 민간협회지만 사실상 중국 공산당이 주도한다. 랴오닝성 다롄의 소식통은 이 모임에 참석했다며 자세한 내용을 알려줬다.

협회 회원 300명가량이 모인 이날 회의에서 다롄시 정부 관료는 "북한이 개방하기로 마음을 굳혔다. 북한에 먼저 진출할 수 있도록 미리 준비해야 한다. 자칫하면 한국과 미국 기업에 선점 기회를 빼앗길 수 있다. 서둘러 대북 투자 계획을 세워 달라. 정부는 비공식적으로 뒤에서 지원하겠다."고 말했다.

이날 협회 회원들은 삼삼오오 모여 식사하면서 대북 투자와 관련해 다양한 의견을 나눴다. 북한이 과연 어느 지역을 개방할지, 중국 기업이 진출한다면 어느 지역이 유리할지, 투자 방식은 어떻게 하는 게 좋을지 등을 놓고 여러 의견이 오갔다. 회원 대부분 지금이 절호의 대북 투자 기회라고 공감했다.

🖋 "최고의 노동자, 환상적이다."

다롄의 소식통은 대북투자 독려 모임은 의류협회뿐 아니라 중공업협회 등 각종 산업협회에서 잇달아 진행됐다고 전했다. 이러한 모임은 김정은 위원장의 두 번째 방중(5월 7~8일) 직후인 2018년 5월 중순 시작됐다. 주로 국경에서 서너 시간 거리 이내의 대도시를 중심으로 모임이 이뤄졌다. 북한 개방에 따른 기회와 과실果實을 선점해야 한다는 중국 정부와 기업의 의지가 한데 모인 결과로 풀이된다. 중국 역시 정부가 정책을 주도하면 기업이 마지못해 따라가는 경우가 종종 있는데 이번 대북 투자는 상황이 달랐다. 양쪽 모두 적극적이었다.

한때 '세계의 공장'이던 중국은 제조업 분야 인력난 해결이 가장 큰 숙제다. 인력난에 시달리다 보니 뒤늦게 베트남과 인도네시아 등 동남아시아 지역으로 공장을 이전한다. 동남아 지역 노동자는 북한 일꾼에 비해 생산성이 월등히 떨어진다는 게 대체적 평가다. 북한 인력을 고용하고 수년째 공장을 운영하는 한 중국인 사업가는 북한 인력에 대해 엄지손가락을 들어 올리며 "최고의 노동자다, 환상적이다."라고 말했다. 또 "북한에서 가장 경쟁력 있는 것이 바로 인력"이라며 "세계 어느 나라에서도 이런 노동자를 구할 수 없다."고 극찬했다. 성실하고 작업 능력이 뛰어난데도 인건비는 저렴하니 그럴 만했다.

2018년 당시 중국에서는 봉제 분야 제조업을 기준으로 식대 등 제반 비용을 포함해 노동자 1인당 월 800달러 정도가 총 인건비로 사용됐다. 그런데 북한에서 공장을 운영하면 야근 수당 등 모든 비용을 포함하더라도 월 400달러면 충분했다. 북한에서는 중국에서의 절반 비용으로 공장 운영이 가능한 것이다. 통상 한 공장에 노동자를 300~400명 고용하니 기업으로서는 이득이 상당한 셈이다.

중국 지린성의 북한 노동자가 휴식 시간에 체조를 하고 있다. 2018년 촬영

　대북 투자에 열의를 보이는 것은 중국 쪽만이 아니다. 북한 사업가도 중국을 찾아와 이제 기회가 왔으니 북한에 투자하라며 적극적으로 홍보했다. 이들은 주로 북한 내에서 힘깨나 쓴다는 무역회사 소속이다. 이들 역시 김정은 위원장의 2차 방중 이후 대거 중국을 찾았다. 이들의 방문 일정 가운데는 저장浙江성 원저우溫州도 있다. 원저우는 '원저우 상인'이라는 표현이 따로 있을 만큼 상술과 사업 기질이 풍부한 이들을 배출한 곳이다. 원저우 상인은 '중국의 유대인'으로 불린다. 이들은 중국 개혁·개방 시기에 네트워크를 가장 성공적으로 형성했다는 평가를 듣는다.

　상담에 나선 북측 인사는 6개 개방 지역을 주목해야 한다고 말했다. 백두산과 원산, 해주, 남포, 신의주, 평양시 외곽의 강남경제개발구다. 이 가운데 강남경제개발구는 김정은 위원장의 관심이 각별한 곳이어서 특히 주목해야 한다고 강조했다. 북한은 2017년 12월 21일 대동강 변의 평양시 강남군 고읍리 일대를 강남경제개발구로 지정했다. 북측 인사는 강남경제개발구가 'IT 벤처 구역'으로 확정됐고, 외국 기업이 북한 IT 벤처 기업과 합작으로 회사를 만들 수 있도록 했다고 말했다. 환경오염을 일으킬 수 있는 산업은 이 구역에서 금지됐다.

⬆ 재주는 한·미가 부리고 돈은 '왕 서방'이 챙긴다

시진핑 중국 국가주석은 김정은 위원장의 첫 정상회담 상대역이었다. 2018년에만 석 달도 안 되는 기간에 3차례나 김 위원장을 만났다. 3월 25일부터 28일까지는 베이징에서, 5월 7일과 8일은 다롄에서, 6월 19일과 20일은 다시 베이징에서 북·중 정상이 만났다. 2018년 북한 경제 개방에 대한 기대감이 높아지면서 중국의 대북 사업가들은 "과연 중국이다. '재주는 곰이 부리고 돈은 왕서방이 먹는다'는 속담이 현재 상황에도 적용된다."고 입을 모았다. 남북 정상의 판문점 회동 생방송과 사상 최초의 북·미 정상회담. 두 빅 이벤트가 전 세계의 이목을 끌어당기는 데는 성공했으나, 이와중에 북한으로부터 최고의 실익을 챙기는 존재는 바로 중국이라는 얘기다. (이후 2019년 1월 베이징에서 4차, 6월 평양에서 5차 북·중 정상회담이 열렸다.)

중국 랴오닝성의 한 대북 사업가는 2018년 7월 자신이 거래하는 북한 봉제공장 사장과 전화 통화를 했다. 급한 주문이 들어왔다며 제품 생산이 가능한지 문의하는 내용이었다. 불과 몇 달 전만 해도 북측 사장이 주문 좀 달라고 하소연하던 터였기에 당연히 작업이 가능할 것으로 생각하고 느긋하게 전화했다. 그런데 "지금 엄청나게 바쁘다. 도무지 짬이 나지 않는다. 요청하는 주문은 9월 넘어서나 생산이 가능할 거 같다."는 예상하지 못한 답이 돌아왔다. "유엔 제재가 있는데도 그렇게 바쁘냐?"고 물었더니 크게 웃으면서 "제재? 그것 때문에 운반비가 많이 들긴 하지."라고 답했다.

🕯 제일 쉽게 돈 버는 이들은 북·중 접경 단속 공무원

운반비가 많이 든다는 건 무슨 뜻일까. 제재로 인해 비정상적 루트로 운반하다 보니 뒤로 찔러주는 '웃돈'이 많이 나간다는 뜻이다. 북한에서 만들어진 제품은 대부분 중국으로 쏟아져 나와 중국 내수용으로 사용되거나 '메이드 인 차이나'로 '라벨 갈이'를 한 뒤 각 나라로 수출된다. 물건은 세관을 통한 정상 루트보다는 주로 밀수 루트로 들어가는데 이 과정 곳곳에서 비용을 지급해야 한다.

김정은 위원장의 중국 방문을 전후로 중국 당국은 북한 접경 지역을 관할하는 국경경비대에 "경비를 너무 세게는 하지 말라."고 요청했다. 현지 소식통은 국경경비대의 지인에게서 들은 말을 전해왔다. 중국 당국자는 "유엔 제재도 있고 한데 조선이 얼마나 힘들겠나. 그렇게 심각한 것이 아니면 좀 봐줘라. 조선도 먹고살아야 하지 않겠나. 우리의 혈맹인데 굶어 죽는 꼴을 두고 볼 수만은 없잖나."라고 말했다고 한다.

중국 당국자의 이러한 발언은 바로 다음 날부터 효력을 확실하게 발휘했다. 북·중 밀수에 동원되는 선박과 트럭의 숫자가 크게 늘었다. 이러한 소식은 입소문으로 삽시간에 확산했는데, 그것은 단속 공무원에게 '업자 돈 뜯어먹으라는 신호'가 된다. 그래서 국경경비대와 공안 당국도 신바람이 났다. 밀수 눈감아줄 테니 그 대가를 달라고 '당당하게' 요구할 수 있었다.

다롄의 대북소식통은 "현재 돈을 가장 많이 버는 이들이 누군지 아는가? 바로 북·중 접경 지역의 단속 세관원이다."라고 말했다. 어차피 대북제재는 형식적이라는 사실을 인지하고 이들은 검사를 철저히 하지 않는다. 적당히 하면서 통과시킨다. 그런데 그냥 통과시키는 게 아니다. 뒷돈을 요구한다. 정 문제가 될 것 같다 싶으면 "이런 물건은 안 된다. 이런 루트 말고 다른 길로 다녀라."고 밀수를 추천하기도 했다.

⚓ 밤이면 밤마다 모여드는 밀수 선박

북·중 간 가장 많이 이용되는 밀수 수단은 선박이다. 밀수선은 눈에 잘 띄지 않는 밤에 주로 움직인다. 북·중 교역이 가장 활발한 단둥 일대에는 압록강을 따라 밀수선이 밀집해 있다. 압록강 상류는 수심이 얕아 작은 배로 다니나 하류는 수심이 30~40m로 꽤 깊기에 큰 배가 주로 다닌다. 압록강 하류, 그리고 압록강 물이 흘러나가는 공해에 커다란 밀수 선박이 밤이면 밤마다 모여든다.

밀수에는 중국 선박이 주로 활용된다. 북한 선박은 숫자가 적고 배 상태도 엉망이기에 북한이나 중국 기업 모두 그다지 선호하지 않는다. 단둥과 신의주를 잇는 중조우의교中朝友誼橋를 통해 트럭 100대가 운반하는 물량을 큰 선박 3척으로 처리할 수 있다. 밀수 수요가 급증하면서 기존의 밀수선뿐 아니라 과거엔 볼 수 없던 온갖 종류의 선박이 동원됐다. 당연히 밀수량도 크게 늘었다. 북·중 밀수에 종사하는 이들의 입에서는 즐거운 비명이 터져 나왔다. 사정이 이러니 선주가 배짱을 부리며 더 큰 비용을 요구하는 사례가 늘었다. 압록강과 달리 두만강 일대, 즉 지린성 투먼과 훈춘에서는 강폭이 좁아 선박이 아닌 트럭이 밀수 수단으로 주로 사용된다.

중국에 밀수로 들어온 북한산 물품 가운데 '중국산'으로 둔갑해 한국으로 들어가는 물건도 많았다. 의류의 경우 중국 내 북한 노동자가 만든 제품, 평양·신의주·나선특구 등 북한 내부 공장에서 만든 제품이 남대문과 동대문 시장, 홈쇼핑 등으로 대량 납품됐다. 제품 브랜드도 이름 없는 것부터 유명한 것까지 다양했다.

"중국 랴오닝성 잉커우營口시의 개발구, 바위취안鲅魚圈 지역에서는 북한 노동자가 주로 한국 브랜드 의류를 제조하고 있다. 한

평양의 봉제공장

공장에서는 북한 노동자 400명가량이 수년 전부터 한국 브랜드 의류만을 전담 생산해왔다." 단둥의 소식통이 전한 이 사실을 훗날 필자는 중국인이 작성한 문건을 통해 확인할 수 있었다.

필자가 "역대 최대 규모 북·중 밀수"라는 소식을 속속 접하고 있을 무렵 이를 뒷받침하는 유엔 보고서가 나왔다. 로이터통신 등은 유엔 안보리 산하 전문가 패널이 작성한 보고서를 입수해 2018년 8월 3일 보도했다. 보고서에는 "북한이 유엔 제재를 피하고자 선박 간 석유제품 불법 거래를 크게 늘렸다."라는 내용이 담겼다. 또한 "북한은 핵무기와 미사일 프로그램을 중단하지 않았고, 시리아 무기 브로커를 이용해 예멘과 리비아에 무기 수출을 시도했다. 수출이 금지된 자국산 석탄과 철강 등을 중국과 인도 등에 계속 수출하고 있다."고 분석했다. 보고서는 이에 따라 "2017년 유엔 대북제재 결의에 따른 원유와 연료, 석탄 거래 제한 조치가 무력화되고 있다."고 평가했다.

04장

미국 의식한 중국식 대북제재

🖊 북한 노동자 귀국을 돌연히 지시한 중국

중국이 유엔 안보리 대북제재 결의를 어기고 북한을 지원하는 정황이 잇달아 포착되자 미국은 중국을 강력히 비난했다. 그러자 중국 당국이 고강도 북한 압박카드를 꺼내 들었다. 2018년 6월 25일경 중국 당국은 단둥 일대 북한 노동자 고용주 모두에게 불법 취업 북한 노동자를 7월 28일까지 귀국시키라고 구두 지시를 내렸다. 2017년 8월 1일 이후 들어온 북한 인력을 대상으로 "지시를 이행하지 않으면 노동자 1인당 5,000위안(약 84만 원)의 벌금을 물린 뒤 강제 추방하겠다."고 경고했다. 시한이 지난 이후 상황은 어떻게 됐을까? 8월 7일 통화에서 단둥의 소식통은 "불법 취업 북한 노동자 5만 명가량 가운데 1만 8,000명 정도가 돌아간 것으로 추정되고, 나머지는 그대로 일한다."고 전했다.

단둥에서 불법 취업 북한 노동자를 고용한 한국인 사장은 "공안 당국에서 인력을 빨리 내보내라고 협박하더라. 그런데 이게 진짜 내보내라는 건지 아니면 뇌물을 달라는 건지 헷갈리더라."라고 말했다. 결국 이 공장은 뒷돈을 주고 인력을 남길 수 있었다. 많은 업체가 이처럼 공안 당국 측에 뇌물을 주고 북한 인력을 그대로 유지했다. 중국 공안국에 인맥이 없을 땐 브로커를 통했다.

브로커는 각 업체로부터 북한 노동자 1인당 월 200위안(약 3만 3,000원)에서 300위안, 많으면 400위안까지 돈을 받고 북한 인력 송환을 막아줬다. 3만 명의 인력을 돌려보내지 않았다면, 한 달에 적게는 600만 위안(약 9억 9,000만 원)에서 많게는 1,200만 위안까지 뒷돈을 받았다는 계산이 나온다. 잔류 북한 인력이 많을수록 그만큼 뒷돈 수익은 늘어난다.

🔴 불법 취업 북한 인력을 붙잡아두려는 중국 공장의 속셈

중국의 소식통은 "브로커가 받은 비용 중 일부는 단속 공무원에게 간다. 중국 당국의 지시 한 번에 브로커와 단속 공무원 모두 즐거운 셈이다. 중국은 이런 식으로 뒤로 뜯어내는 것이 많으니 공무원이 그 적은 월급을 받고도 사는 데 지장이 없다."고 말했다.

공장을 선별적으로 단속한다는 사실을 알게 된 북한 노동자는 순순히 떠나지만은 않았다. 쫓겨나면서 "왜 나만 잡나? 쟤네도 불법인데…"라며 신고하는 경우가 크게 늘었다. 단둥 당국도 골치가 아팠다. 이미 돈 다 받아 챙기고 뒤를 봐주기로 했는데 어쩌나? 하지만 역시 궁즉통窮則通이다. 돈을 주고받은 공안 당국과 업체는 전체 인력의 10%씩 북한 노동자를 '솔선수범'해 귀국시키기로 했다. 공안국 입장에서는 업체가 이렇게 자발적으로 인력 송환 조치를 하고 있음을 상부에 보여줄 수 있고, 업체 입장에서도 당국의 면面을 세워줄 수 있었다. 그래서 단둥에서 북한 인력 500명을 고용한 한 업체도 50명을 돌려보냈다.

이렇게까지 하면서 불법 취업 북한 인력을 붙잡아둬야 하는 이유는 무엇일까. 현지의 일감은 많은데 일할 사람은 귀하기 때문이다. 특히 단둥은 단속까지 겹치면서 북한 노동자 인건비가 많이 올랐다. 2018년 단둥의 북한 노동자 하루 인건비는 일반 잡부 130위안(약 2만 2,000원), 봉제 기술자 140위안 정도로 다롄 지역 중국인 노동자와 비슷한 수준이었다. 단둥에서 차로 2시간 정도 거리에 있는 잉커우의 북한 노동자 인건비가 평균 90위안이니 뚜렷하게 대비됐다.

🖊 단둥 당국, 북한산 물품 전격 단속

단둥 당국은 북한 노동자뿐만 아니라 북한산 제품에 대해서도 돌연 단속에 착수했다. 북한산 물품에 대한 단속은 2018년 7월 27일부터 단둥 일대를 포함해 압록강 전역에서 전격 단행됐다. 단둥과 신의주를 잇는 중조우의교를 거치는 세관 통관은 물론 압록강 일대와 공해상을 통한 선박 밀수가 모두 금지됐다. 북한 공장에서 나와야 할 완성품이 나오지 않자 대북 사업가들은 난리가 났다. 업자의 아우성에 당국은 "20일만 들여오지 말고 참고 있으라."고 말했다.

20일이란 기간은 절대 짧지 않다. 관련 업종에 큰 타격을 줄 만한 긴 기간이다. 단둥 세관을 통관하는 트럭이 하루 평균 최소 300대이니 20일이면 6,000대가 못 나온다. 트럭에는 보통 40피트 컨테이너를 싣는데 운전석까지 더하면 트럭 총 길이가 15m나 된다. 15m짜리 트럭 6,000대가 늘어서면 9㎞에 달한다. 의류제품은 8월이면 겨울옷 완성품이 나올 시기인데 트럭 1대에 실리는 두꺼운 겨울옷은 5,000~6,000장 분량이 된다. 거대한 물량이 중국 내수용으로 사용되거나 중국산으로 둔갑해 수출용으로 나가는데 이것이 차단됐으니 당사자는 난리가 날 수밖에 없다.

중국 당국은 북한산 물품의 중국 반입은 금지하면서도 중국 물건이 북한으로 들어가는 것은 막지 않고, 북한을 드나드는 사람의 왕래도 전혀 문제 삼지 않았다. 현지에서는 "성발 알다가노 노를 일"이라고 수군거리면서 이번 조치가 일시적이며 곧 지나갈 것으로 기대했다.

북·중 관계가 좋은 시점인 2018년 7월 말 중국 당국이 돌연 대북 압박에 나선 이유는 무엇일까. 당시 미국과 중국은 무역전쟁 와중이었고, 미국이 중국을 공격하는 주요 요인 가운데 하나가 북한이었다. 미국은 중국이 안보리 대북제재 결의를 어기고 북한을 배후에서 지원한다고 강력히 비난했다. 중국은 안보리 상임이사국 위치여서 이러한 비난은 중국을 더욱더 코너로 몰았다. 과거와 달리 이제는 인공위성 등 과학기술 도구의 발달로 중국의 대북제재 위반 증거를 하나하나 잡아내고 있다. 공해상에서 중국 군인이 지켜보는 가운데 버젓이 밀수가 진행되는 현장을 미국이 증거로 포착하는 게 현실이다. 이러한 상황에서 미국을 의식해 중국이 고강도 대북 압박 카드를 꺼내 들었다는 분석이 가능하다.

도널드 트럼프 미국 대통령은 2018년 8월 북한을 돕는 중국에 대한 비난 발언을 집중적으로 쏟아냈다. 중국은 겉으론 이를 무시했지만, 당장 북한 정권 수립 70주년 기념일인 9·9절에 맞춰 계획된 시진핑 주석의 평양 방문이 무산됐다. 또 단둥 일대에서 대북 압박 강도를 한층 높였다. 8월 초순 단둥 당국은 불법체류자 전원을 2019년 1월 7일까지 내보내라고 추방 범위를 더욱 확대한 데 이어 "8월 9일부터 단둥과 압록강 일대 모든 밀수를 전면 단속한다."고 경고했다. 8월 9일 특명 이후 10일간 당국은 밀수업자

37명을 검거했다. 또 밀수 물량이 20만 위안 이상이면 현장에서 구속하고, 그 이하면 구류와 벌금형에 처했다. 8월 10일 중국의 한 대북 사업가는 북한에서 만든 의류 완제품을 중국으로 내오려고 공안 단속요원에게 평소보다 몇 배나 많은 뇌물을 제시하며 하소연했지만 실패했다고 말했다. 보통 1kg에 30센트면 밀수를 허용해주던 것을 이번에는 7배 가까운 2달러를 준다 해도 당국자가 거부해 결국 밀수를 포기했다.

🖋 밀수 단속, 뛰는 놈 위에 나는 놈

갈수록 강해지는 단속에 북한에서 만든 물건을 어떻게 해서든 중국으로 빼내려는 양태도 다양해졌다. 2018년 8월 말 당시 단둥과 압록강 일대에서 국경경비대 단속이 살벌하다고 현지 소식통은 전했다. 현장에서 국경경비대 군인은 총을 든 채 "밀수하다 걸리면 죽인다."고 외치며 눈에 불을 켜고 선박 바닥까지 뒤졌다. 그동안 밀수선의 활동은 주로 압록강 하류와 공해에서 이뤄졌다. 수심이 깊고 강폭이 넓은 하류와 바다는 대형 선박이 접근하기 쉬웠다. 그래서 밀수 단속도 주로 이 지역에서 집중적으로 진행됐다. 단속이 계속되자 밀수 루트가 강 하류에서 상류 쪽으로 이동하기 시작했다. 북한 쪽에서 보면 신의주에서 백두산 방향으로 이동한 것이다. 북한 내부에서도 서로 뇌물을 주며 밀수 물건을 강 상류 쪽으로 분주하게 옮겼다.

이 와중에 신난 이들도 있다. 압록강 상류 쪽에서 농사를 짓는 중국 농민이다. 밀수업자가 물건을 북한에서 중국으로 옮기면서 농민을 '밀수 도우미'로 활용했다. 단순히 물건만 옮겨주고 큰돈을 거머쥐니 농민은 "이게 웬 떡이냐."며 서로 하겠다고 나섰다. 그런데 조용히 일하면 될 것을 동네방네 자랑하고 떠들고 다니다 소문이 널리 퍼졌다. 이 소문은 국경경비대 군인 귀에까지 들어가 단속이 압록강 상류까지 확대되었다. 하지만 뛰는 놈 위에 나는 놈 있는 법. 밀수업자는 이번엔 단속이 느슨해진 하류와 공해상으로 잽싸게 집결해 다급하게 밀수 물량을 처리했다.

🌱 밀수를 위한 다방면의 노력

소식통은 2018년 8월 하순 압록강 상류 쪽 단둥 관뎬寬甸현 지역에서 소형 선박을 활용해 밀수하는 현장을 직접 목격했다. 강 깊이가 성인 무릎에 불과한 지역에 어떻게 선박이 드나들 수 있을까? 밀수에 사용된 선박 형태가 특이했다. 바닥이 일반 선박처럼 삼각형 모양이 아니라 뗏목처럼 넓적했고 선박 크기도 작았다. 배의 중심이 잘 안 잡혀 파도에 약하고 깊은 물에서는 다니지 못하지만 얕은 물에서 이동하기엔 딱 좋았다. 북한 밀수꾼은 이처럼 상류에서 이동하기에 적합한 배를 직접 만들어 밀수에 활용했다.

단둥 공장에 도착한 밀수품 포대. 2018년 여름 촬영

통상 80㎏들이 포대에 물건을 실어 배에 싣는데 포대가 너무 커 성인 혼자 들기엔 버겁다. CJ에서 판매한 의류제품도 이러한 포대에 실려 밀수됐다.

북한과 중국에서 공장을 운영하는 사업가 W는 주로 압록강 하류에서 본인 소유 선박으로 밀수했다. W는 2018년 8월 하순 평양의 공장에서 제조한 겨울 솜옷 2만 장을 포대에 넣고 트럭 4대에 나눠 실어 신의주에 도착했다. W는 신의주에 있는 자신의 밀수 선박에 물건을 옮겨 실은 후 압록강 하류에서 단둥으로 나오는 데 성공했다. 하지만 도중에 비가 많이 내려 모든 제품이 물에 젖고 말았다. 그래도 납품하는 데는 문제가 없었다. 말린 뒤 다림질해서 비에 젖은 흔적을 지워 버렸다. W가 밀수한 의류는 중국의 유명 스포츠 브랜드였다.

당시 주변에서는 W가 정말 운이 좋고 실력이 대단한 사람이라고 부러워했다. 밀수가 하늘의 별 따기처럼 어려웠으므로. W의 사례를 보며 "비에 젖은 옷, 한번 만져보기라도 했으면…" 하며 한숨을 쉬는 이도 있었다. W는 이번 밀수 과정에서 평소와 달리 국경경비대에 뇌물을 쓸 수 없었다. 이들은 돈을 줘도 거부하며 "밀수는 안 된다."고 버텼다. 하지만 그렇다고 물러설 W가 아니었다. 국경경비대가 안 보는 틈을 타 그냥 단둥 방향으로 배를 몰아 버렸다. '될 대로 돼라. 모르겠다.' 식이었다. 국경경비대가 행여 총격을 가해오면 맞대응 사격을 할 각오로 한 손엔 총까지 들었다. 여차하면 총격전까지 각오했지만, 국경경비대의 추격은 없었다.

　　W는 북한에서 만든 다른 공장의 겨울 패딩 5만 장을 자신의 선박에 실어 단둥으로 운반해주기도 했다. 이 대가로 그는 10만 달러를 벌었다. 밀수 운반비로 장당 2달러씩 받은 것이다. 왜 장당 2달러일까. 중국에서 패딩 의류 1장을 생산하는 데 들어가는 비용은 평균 10달러 정도고, 동일 작업을 북한에서 하면 6달러면 된다. 중국에서 제조하는 것보다 4달러 정도 이익이다. 장당 밀수 운반비 2달러를 계산한다 해도 8달러면 되니 북한에서 들여오는 편이 이득이다. 밀수업자는 이런 계산을 꼼꼼하게 해 가격을 제시하고 상대도 이를 받아들인다. 비상시국에 그 나름의 계산 방식으로 거래가 이뤄지는 것이다.

　　밀수 단속이 한창이던 2018년 8월 말, 랴오닝성의 대북 소식통은 단둥에서 밀수 현장을 두 눈으로 목격하고 깜짝 놀랐다. 북한산 제품이 신의주에서 단둥까지 선박으로 3시간 만에 도착한 사실을 확인해서다. 한국 기업의 주문을 받아 평양에서 제조한 겨울 의류 3만 장으로, 모두 한국 홈쇼핑으로 납품되는 물건이었다. 단둥에서 '메이드 인 차이나' 라벨을 달고 인천항으로 들어갔다. 국경경비대가 총을 들고 엄하게 단속하는 와중에도 물건을 받은 한국 기업인은 흔쾌히 비싼 운반비를 냈다. 다른 이들은 북한에서 만든 물건을 받을 길이 없어 발만 동동 구르는 상황이었으니 돈이 아깝지 않았다.

이처럼 대담한 밀수는 극히 일부 밀수업자만 할 수 있는 일이다. 과거 뇌물로 관리하던 단둥 당국자가 말을 듣지 않자 다급해진 대북 사업가 일부는 설득 대상을 평양으로 바꾸는 시도를 했다. 단둥 당국이 베이징의 압력을 이유로 어쩔 수 없어 하니 평양 당국에 부탁해 베이징이 단둥을 움직이게 하겠다는 심산이었다. 평양을 설득할 비장의 카드는 결국 돈이었다. 이들은 돈 보따리를 싸 들고 평양으로 향했다. 적세는 50만 위안(약 8,000만 원)에서 많게는 100만 위안까지 줄 수 있다는 각오로 평양을 찾았다. 대북 사업을 접느냐 마느냐 갈림길에 선 것이니 이 정도 돈은 결코 아깝다고 할 수 없었다.

🐟 북한 수산물도 중국산으로 둔갑

단둥에선 북한산 해산물을 팔려는 이들도 쉽게 볼 수 있다. 소식통은 2018년 8월 하순 북한산 해산물을 팔려는 북한 사업가를 만난 경험담을 전했다. 이 사업가는 주로 원산에서 채취한 성게 알, 문어, 오징어, 피조개, 새조개를 팔려고 했다. 그는 "북한산 해산물은 현재 단둥 공장에서 포장해 중국산으로 둔갑한 후 인천항으로 대거 들어가고 있다."며 "너무 헐값이어서 재미를 못 본다."고 불만을 나타냈다. 그러면서 "지금보다 조금이라도 좋은 조건이라면 1t씩 팔 수 있다."며 직거래를 제안했다. 또 다른 북한 해산물 업자는 "당에서 물고기 3,000만 마리를 키우라고 지시해 키웠는데 2,000만 마리가 죽어버려 지금은 1,000만 마리가 남았다."며 이를 사들일 큰손을 찾기도 했다.

2018년 단둥 당국의 단속 지시는 수시로 바뀌었다. 6월 말엔 2017년 8월 이후 입국한 불법체류 북한인을 7월 말까지 내보내라고 했다. 8월 초순이 되자 모든 불법체류 북한 인력을 2019년 1월 7일까지 내보내라고 했다. 그러더니 8월 하순에는 송환 시점을 다시 2018년 말로 앞당겼다.

05장

중국식 북한 다루기에 대북 사업 '구조조정'

🌱 중국의 강력 단속에 막힌 밀수

소식통은 2018년 8월 하순 만난 중국인 사업가 C의 말을 전했다. 단둥에서 북한 노동자 450명을 고용해 공장을 운영하는 C는 솔선수범해 인력 10%를 내보낸 뒤 공안 당국 파트너와 즐겁게 파티하며 돈독한 시간을 보냈다. 이것으로 자신의 공장은 더는 문제가 없을 것으로 안심했다. 그런데 얼마 뒤 이 공안 당국 파트너가 돌변했다. "미안하다. 북한 노동자 절대 안 되겠다. 최대한 12월 말까지 시간 주겠다. 그때까지 다 내보내라."라고 말했다. 갑자기 왜 그러냐고 물었더니 트럼프 대통령의 8월 20일 발언, 즉 "중국이 미국과 무역전쟁으로 과거만큼 북한 문제를 돕지 않고 있다."는 표현을 이유로 들었다. 트럼프의 이 발언 이후 상부로부터 다시 특명이 내려왔다고 하소연했다.

　단둥 당국의 단속은 실제로 효력을 발휘했다. 10만 명 가까운 단둥 일대의 불법체류 북한 인력 중 상당수가 2018년 9월 초 철수했다. 소식통은 단둥의 북한 영사가 "현재 3만 8,500명이 잔류 중"이라고 말했다고 전했다. 북한 영사는 이들 인력이 단둥 시내와 단둥시 외곽의 둥강東港, 첸양前陽, 그리고 단둥과 가까운 다롄시의 좡허莊河 등 여러 지역에서 일한다고 했다.

　중국 당국의 단속으로 단둥으로 나와야 하는 물품이 반출되지 못해 신의주에는 이들 물품이 넘쳐날 정도로 쌓였다. 평양에서 만들어 신의주를 거쳐 단둥으로 나와야 할 물건, 신의주 공장에서 제조해 단둥으로 나와야 할 물건이었다. 신의주 건물마다 이들 제품이 꽉 들어차 있어 그 많던 빈 건물이 자취를 감춰버렸다.

🕯 끝까지 단속하면 단둥까지 망한다

　단둥 당국이 고강도 단속을 했지만, 현지의 큰손들은 중국 정부의 대북 압박이 지금까지 그래왔던 것처럼 적절한 수준에서 조정될 것으로 전망했다. 단둥 일대 공장 대부분 북한 인력에 의존하고 있는데 이들을 다 몰아냈다간 신의주는 물론 단둥 경제도 큰 타격을 입을 터였다.

　소식통은 노동자 500~600명이 일하는 북한산 해산물 공장을 예로 들었다. 이런 공장에는 중국 노동자도 100~200명 정도 함께 일한다. 이런 대단위 공장이 단둥에 상당히 많이 있는데 북한 노동자를 쫓아내면 공장 가동이 어려워 중국 노동자도 일자리를 잃게 된다. 중국인 노동자 최소 1만 명이 실직할 수도 있다. 이들이 먹고살기 위해 시위라도 한다면 중국 정부로서도 매우 심각한 문제다.

무엇보다 실질적으로 단속을 집행해야 하는 현지의 공안 당국과 국경경비대가 끝까지 갈 의지가 없다. 이미 업자와 너무 깊은 '관시關係'가 구축돼 있으므로. 그렇다고 상부의 지시를 어길 수도 없기에 늘 적절한 수준에서 완급을 조정한다. 그리고 불법 취업 북한 노동자가 있어야 뒷주머니를 채울 수 있으니 단속의 수위를 조절한다.

고강도 단속 와중에도 당국의 일부 인사는 대북 사업가와 진하게 술을 마시며 오히려 관계를 더욱 돈독하게 만들었다. 업자가 술자리에서 하는 부탁은 단 하나. "네가 근무하는 시간에 내 물건 눈감아 달라."는 것이다. 단속 요원은 보통 24시간 근무하고 24시간 쉬는 경우가 많은데 자신의 물건이 들어오는 시점에 단속하지 말아달라는 요구이다.

2018년 9월부터는 북한 기업인이 단둥을 비롯해 랴오닝성 전역으로 나와 투자 유치 활동을 펼쳤다. 이들의 활동은 지린성에서도 쉽게 확인됐다. 지린성으로 나오는 이들은 주로 인력 송출을 담당하는 사업가다. 평소 한 달에 3~4팀 정도 출장 왔는데 9월부터는 숫자 세는 것이 무의미할 만큼 많이 나왔다. 특히 북한 노동자가 일하는 공장이 밀집한 투먼과 훈춘 지역 출장이 잦았다. 이들은 주로 단둥에서 쫓겨난 북한 인력을 받아줄 공장을 찾았다. 4박 5일이나 5박 6일 일정으로 현장에 머물며 중국 공장 관계자를 만나 인력 활용에 관한 논의를 했다.

단둥에서 추방당한 북한 인력은 투먼과 훈춘에서 적극적으로 고용했다. 압록강에서 쫓겨난 북한 인력이 두만강 쪽으로 이동한 것이다. 3개월 체류 비자를 받고 들어와 일하다가 한 달에 한 차례 정도 북한으로 들어가 비자 갱신을 하는 방식으로 근무했다. 합법적 체류이긴 하지만 취업 비자는 아니니 불법 취업자였다. 이런 형태의 파견 노동자가 늘면서 투먼과 훈춘 일대의 북한 인력 시장에도 변화가 나타났다. 합법적인 취업 비자를 받아 일하는 노동력이 대다수였던 곳에 불법 취업자가 증가했다. 이러한 불법 취업자는 단속 시 증거를 잡기도 어렵다. 설령 다른 나라에서 문제 삼는다 하더라도 중국 당국 입장에서는 "관광이나 친척 만나겠다고 들어온 북한 사람을 일일이 뒷조사하며 다닐 수도 없잖은가. 우리가 그런 것까지 어떻게 안단 말인가."라고 둘러대면 그만이다.

투먼과 훈춘 등 지린성에는 북한 인력 관리 주체도 시기에 따라 바뀌었다. 2012년 5월 북한 인력이 공식적으로 투먼에서 처음 일하기 시작할 당시 인력 관리의 총책임은 투먼시 당국이 쥐고 있었다. 투먼 옆 훈춘 지역에서 북한 인력을 공식 수입할 때도 허가 등 각종 행정 업무는 투먼시에서 담당했다. 그러다 인력 규모가 많이 늘어나자 옌볜조선족자치주 정부가 관리 권한을 가져갔다. 관리 주체를 시 정부에서 주 정부로 격상했다. 주 정부는 투먼과 훈춘의 북한 인력 담당자에게 큰소리치고 위세를 과시하곤 했다. 그러다 2017년 8월 유엔 안전보장이사회의 대북제재가 본격적으로 강화되자 상황은 반전됐다. 북한 인력 관리 주체가 다시 투먼시로 옮겨갔다. 국제사회의 제재에 따라 북한 인력 관리가 골치 아픈 문제가 되자 주 정부가 발을 빼버렸다. 옌볜조선족자치주 정부는 투먼시와 훈춘시 측에 "앞으로 북한 인력과 관련한 모든 행정 처리는 두 지역에서 알아서 다 하라."고 선언하고는 주 정부 직인을 형식적으로만 찍어줬다.

🗼 단둥시, 도강증 발급 중단으로 북한 노동자 단속

2018년 가을 단둥 현지 소식통은 단둥시가 2018년 5월 초순부터 북한인을 상대로 내주던 도강증渡江證 발급을 중단했다고 알려왔다. 도강증은 북·중 국경 근처에 거주하는 북한인이 중국으로 나올 때 발급하는 통행증이다. 왕래가 잦은 접경 지역 북한인의 편의를 봐준 것으로 단둥의 경우 신의주에 거주하는 북한인을 상대로 1개월·6개월·1년 등 체류 기간이 명시된 도강증을 발급했다. 도강증은 북한 노동자가 단둥에서 불법 취업하는 도구로 활용돼왔다. 짧게는 1개월부터 길게는 1년까지 일하면서 도강증 기한이 만료되는 시점에 북한에 들어갔다 다시 나오는 방식으로 지속해서 일할 수 있었다.

단둥시는 도강증 기한이 만료된 북한 노동자가 출국 후 24시간이 지나 재입국하면 도강증을 사실상 갱신해줬다. 원래는 다시 서류를 접수하고 처리하는 절차가 필요한데 북·중 당국 모두 업자가 주는 뇌물을 받고 편법으로 처리했다. 그런데 이마저도 귀찮고 번거롭다고 여겨 생략하기도 했다. 유능한 사업가는 노동자를 실제로 출국 조치하지 않고 서류만으로 북한에 다녀온 것처럼 처리할 수 있었다.

이 같은 행태를 파악한 베이징이 '도강증 발급 중단' 카드를 활용해 단둥의 불법 취업 북한 인력을 막겠다는 의지를 보여준 것이다. 그뿐만 아니라 불법 취업 북한 노동자가 출국할 때 '앞으로 5년간 입국할 수 없다'고 쓰인 서류에 지장指章을 찍게 했다.

단둥의 북한 노동자 공장

⬆ 북한 노동자 단둥 탈출 러시

상황이 이렇다 보니 단둥 일대 북한 노동력을 고용한 공장주 대다수가 비명을 질렀다. 단둥에 넘쳐나던 북한 노동자의 귀국 행렬도 쉼 없이 이어졌다. 소식통은 "2018년 10월 24일 아침에만 최소 1,500명이 나갔다."고 전했다. 소규모 공장에서는 10~20명씩, 중대형 규모 공장에서는 100~200명씩 북한으로 돌아갔다. 단둥의 불법 취업 북한 노동자 숫자는 10만 명 정도에서 2018년 11월 중순 기준 2만 명 정도로 뚝 떨어졌다.

"도대체 인제까지 이럴 거냐? 이제 단둥에서 북한 노동자 데리고 하는 사업은 포기하고 떠나야 하는 거냐? 정말 그런 거냐?" 쏟아지는 질문과 항의에 단둥 공안당국 관계자는 "일단 11월과 12

월 두 달은 싹쓸이할 거다. 이 두 달간 강제적으로 쫓아낼 수 있는 북한 노동자는 최대한 쫓아낸다."고 말했다. 북한 노동력을 추방하겠다는 의지를 표명한 것인데, 이 같은 발언은 2018년 말 집중적으로 단속한 후 2019년부터는 숨통을 터줄 것이라는 뜻으로도 해석됐다.

단둥에서 일련의 대북 압박 지시를 내리면서 중국 당국은 '미국의 제재'라는 표현은 사용하지 않고 '유엔 안보리 상임이사국' 자격으로 이뤄지는 조치라고 언급했다. 이 조치는 미국 압박에 따른 게 아니라 국제사회의 주요한 책임을 지닌 일원으로 책임을 다하기 위해서란 점을 강조한 것인데, 단둥 현지에서 이를 곧이곧대로 믿는 이는 별로 없었다.

📍 도강증 대신 여권 들고 불법 취업

이런 와중에도 새롭게 북한 인력을 받아들이는 데 성공하는 이들이 있었다. 단둥의 한 봉제공장은 2018년 10월 초 북한 노동자 140명을 받아들인 뒤 10월 말 추가로 100명을 받아냈다. 그것도 가장 우수하다는 평양 출신 인력이었다. 또 다른 봉제공장에서도 10월 말 북한 인력 100명을 받았다. 이들은 모두 도강증이 아닌 여권, 즉 비자를 받아 들어온 이들이었다. 관광이나 친지 방문 목적으로 1개월 체류 비자로 들어와 일했다.

이들이 불법 노동력이란 사실을 단둥 당국도 잘 안다. 100명 넘는 인력이 한꺼번에 들어오면 그 목적이 빤하다. 그래서 대가를 요구한다. 문제는 이들이 1개월 체류 비자를 가졌기에 한 달에 한 번씩 들락날락해야 한다는 점이다. 처음 한 번은 약간의 뇌물로 용인해줬으나 두 번째부터는 달라졌다. "안 되겠다. 보는 눈이 너무 많다. 100명, 200명이 왔다 갔다 하는데 보는 눈이 너무 많아서 아무래도 안 되겠다." 그래서 공장주는 더 많은 돈을 찔러줘야 했다.

뒷돈의 규모는 업주마다, 단속요원마다 다르다. 노동자 숫자가 많은 곳은 당국에 건네주는 액수가 많은 만큼 1인당 금액을 적게 하고, 노동자 숫자가 적은 곳은 1인당 금액을 많이 한다. 공장주는 북한 노동자가 출국했다 재입국하는 데 들어가는 비용으로 보통 1인당 월 1,000위안(약 16만 원) 정도를 지급했다. 이 중 뒷돈이 850위안가량이다. 나머지는 식비와 이동경비, 북한 세관 주변 숙소 비용 등이다. 적게 주는 공장은 이 비용이 300위안(5만 원)인 곳도 있다. 1인당 1,000위안의 추가 비용은 공장주로선 적잖은 부담이다.

2018년 기준으로 북한 노동자를 고용한 봉제공장 사례를 보자. 월급과 숙식비를 더해 매월 북한 노동자 1인당 보통 2,100위안(약 34만 원)이 지출되는데 여기에 1,000위안이 추가되니 1인당 3,100위안(약 50만 원)의 비용이 소요됐다. 그런데 단둥 현지에서 동일 업종의 중국 노동자에게는 월 3,500위안(약 57만 원)이 들어갔다. 추가 비용과 뒷돈을 포함하면 북한 인력과 중국 인력 간 인건비 차이가 그렇게 크지 않았다. 북한 노동력을 매월 한 차례 출입국 시키는 데 대한 비용 부담이 커질수록 공장주 처지에선 '굳이 북한 노동자를 고용할 필요가 있나?' 하는 생각을 하게 됐다.

북한 노동자는 장점이 많긴 하지만 단점도 있다. 성실하고 손재주가 좋지만 정해진 일만 할 줄 알아 응용 능력이 부족하다. 봉제 공정을 보면 중국 노동자는 생산 도중 스타일 변화를 요구하면 금방 적응해 따라오는데 북한 노동자는 처음에 지시한 스타일에서 바뀌는 것을 극도로 싫어한다. 변화를 수용하는 데 서투른 것이다. 중국 노동자는 작업 도중 5가지 의류 스타일을 제시하면 이를 다 만들어내지만, 북한 노동자는 그러지 못해 답답하다고 현지 공장주는 말한다.

이런 현실이니 단둥에서는 공장마다 "이제 포기한다." "이미 발급된 도강증이 만료되는 시점까지만 하고 안 한다."는 소리가 나왔다. 결국 모든 기업이 노동력을 찾아 단둥을 탈출할 수도 있다. 뒷돈을 상시로 챙겨오던 공안 당국과 국경경비대 인사도 비상이 걸린다. 어떻게 해서든 단둥 당국이 해법을 찾아내리라는 전망이 나오는 까닭이다.

🌱 북한 노동자 송환은 김정은의 뜻?

단둥의 불법체류 북한 노동자 단속 조치와 관련해 현지에서는 김정은 위원장의 의지가 반영됐다는 분석이 나왔다. 김 위원장은 평소 단둥 지역에 불만이 많았다고 한다. 단둥에서 신의주로 각종 소문이 흘러들어와 정권 유지에 도움이 되지 않는다는 것. 실제로 단둥에 다녀온 북한인은 중국에서 접한 다양한 소문을 자연스럽게 가족 등 지인에게 전달하게 된다. 단둥에는 북한에서는 들을 수 없는 온갖 사실과 소문이 풍성하다.

대표적 사례로 김 위원장의 이복형 고ᵗᵗ 김정남과 관련된 정보를 들 수 있다. 김정남 암살 이전인 2014년 여름 중국 지린성의 한 중국인 대북 사업가는 평양 출신인 북한 노동자 총책임자를 불렀다. 그리고 자신의 스마트폰으로 김정남 사진을 보여주며 누구인지를 설명했다. 그랬더니 북측 인사는 "말도 안 된다. 남측이 조작해 낸 거짓 인물"이라고 펄쩍 뛰었다. 다른 북한 노동자에게 보여줬더니 역시 비슷한 반응을 보였다.

하지만 중국에서 계속 생활하면 이런 반응이 없어진다. 2017년 2월 김정남이 암살된 사건은 중국에서도 가장 뜨거운 뉴스였다. 중국에 있는 북한인 역시 이 뉴스를 접했다. TV를 틀거나, 인터넷을 보거나, 찾아오는 사람이 하는 말이나 모두 '김정남 암살'에 대한 것이니 이를 어떻게 믿지 않을 수 있겠는가. 이러한 소식은 단둥을 오가는 북한인의 입을 통해 순식간에 북한 내부로 퍼졌다. 김정일 위원장 시대에는 가능했을 정보 통제가 지금은 불가능하다. 김 위원장 처지에선 감추고 싶은 사실과 과장된 정보가 북한으로 들어와 주민을 현혹하니 단둥이 미울 수밖에 없다.

🖊 합법 인력 양성화로 정부 수입도 '짭짤'

단둥에 있는 북한인은 북한 정부의 허가를 받지 않은 경우가 많다. 중국 정부로서도 골치 아프지만 북한 당국으로서도 쉽게 용납할 수 없는 문제다. 북한은 해외 파견 인력에 대해 일정 금액을 국가에 납부하도록 규정하고 있다. 중국 파견 봉제업종의 경우 노동자 1인당 매월 65달러 정도, 식당은 120~150달러를 북한 정부에 내야 한다. 이런 원칙은 합법적으로 취업비자를 받아 일하는 지린성 투먼과 훈춘에서는 비교적 잘 지켜졌다.

하지만 대부분 불법 취업인 단둥에서는 상황이 달랐다. 취업비자가 아니므로 국가에 돈을 낼 이유가 없다. 그 대신 불법 취업을 하는 것이니 북·중 양쪽 공무원에게 일정 금액의 뇌물을 바쳐야 했다. 이것이 일상화되다 보니 아예 신의주 등 접경지역에 사는 주민을 단기 비자나 도강증으로 단둥으로 불러들여 일을 시켰다. 북한 사업가는 국가에 바쳐야 하는 돈이 없어 좋고, 중국 사업가는 필요한 인력을 확보할 수 있어 좋다. 또 단둥 주재 북한 영사는 불법 취업 인력을 협박해 뒷돈을 뽑아낼 수 있어 좋고, 중국 당국의 단속 요원도 부족한 월급을 두둑하게 보충할 수 있어 좋다. 물론 정부 곳간을 채워야 하는 평양과 합법적으로 접경지역을 관리해야 하는 베이징으로선 이런 현실이 반갑지 않았다. 즉 불법 취업 인력을 중앙정부는 없애려 하고 지방 정부는 환영하는, 이중성이 존재한다.

단둥 주재 북한 영사는 어느 지역 영사보다 '끗발'이 있다. 불법체류자 몇 명이 어디서 일하는지 다 알고 있는 상황에서 이들로부터 뇌물을 받아 챙기니 감춰둔 재산이 어마어마하다. 이런 상황이니 북한 사업가나 공무원이나 중국으로 파견 나가 일하게 되면 투먼이나 훈춘을 기피하고 너나없이 단둥을 선호했다.

2019년 중국 속 북한과
중국의 두 얼굴

01장

대북제재를 수행하는 중국의 두 얼굴

⊛ 중국과 가장 많이 회담한 김정은

북한과 중국이 얼마나 밀착 관계인지는 양국 정상회담을 통해서도 알 수 있다. 김정은 위원장이 지도자 등극 이후 처음으로 만난 지도자가 중국 시진핑習近平 국가 주석이었고, 2020년 5월 현재까지 가장 많이 만난 지도자 역시 시진핑 주석이다.

우선 김정은 위원장의 그동안 정상회담을 살펴보자. 김 위원장은 2018년 중국 방문을 시작으로 본격적으로 국제 외교 무대에서 존재감을 과시하기 시작했다. 2018년 김 위원장의 대외 활동을 보면 세계에서 가장 주목받은 지도자로 그를 꼽아도 과언이 아니다. 김 위원장은 중국, 우리나라와 각각 3차례씩 정상회담을 가졌고, 미국과도 정상회담을 했다. 처음으로 외국 순방길에 올라 시진핑 중국 국가 주석을 만났고, 처음으로 판문점에서 한국 대통령을 만났고, 사상 첫 북·미 정상회담의 주인공이 되었다. 이 모두가 세계 언론의 1면 톱기사를 장식하기에 충분했다.

김 위원장은 2019년에도 새해 벽두부터 해외 순방길에 올랐다. 2018년과 2019년 모두 첫 해외 순방 대상이 중국이었다. 그는 1월 7일부터 10일까지 3박 4일 일정으로 베이징을 찾아 시진핑 주석과 4차 북·중 정상회담을 했다. 2월에는 27일과 28일 베트남 하노이에서 도널드 트럼프 미국 대통령과 2차 북·미 정상회담을 했다. 2018년 6월 싱가포르 센토사섬에서 열린 1차 북·미 정상회담 이후 8개월여 만에 열린 회담이었다. 베트남은 과거 미국과 전면전을 벌인 역사가 있고, 사회주의 체제를 유지하면서도 시장개방과 경제발전에 성공한 나라라는 점에서 특히 주목을 받았다. 김정은 위원장은 트럼프와의 정상회담 직후에는 하노이에 머물며 3월 2일 베트남 응우옌푸쫑 국가 주석 겸 총비서와 정상회담을 했다.

4월에는 지도자 등극 이후 처음으로 러시아를 방문했다. 김 위원장은 4월 25일 블라디보스토크에서 블라디미르 푸틴 러시아 대통령과 회담했다. 이는 2011년 고 김정일 국방위원장이 러시아를 방문해 정상회담을 가진 뒤 8년 만에 열리는 북·러 정상회담이었다. 6월 20일과 21일에는 시진핑 중국 국가 주석이 평양을 방문해 제5차 북·중 정상회담이 열렸다. 중국 최고 지도자의 북한 방문은 2005년 10월 후진타오胡錦濤 주석 이후 14년 만에 처음이었다. 그리고 불과 며칠 뒤인 6월 30일에는 트럼프 미국 대통령과 판문점에서 전격적이자 돌발적으로 만나면서 세 번째 북·미 정상회담을 했다.

이렇게 해서 김 위원장은 2019년 상반기 6개월 동안에만 무려 6차례나 정상회담을 가졌다. 6차례 정상회담 가운데 미국과 중국이 각각 두 번씩이었다. 김 위원장은 지도자 등극 이후 2018년과 2019년 두 해를 통틀어 총 13차례 정상회담을 했고, 이 가운데 중국이 5차례로 가장 많았다. 판문점에서 남·북 정상과 북·미 정상의 만남, 싱가포르에서의 사상 최초 북·미 정상회담. 이러한 회담은 언론의 시선을 사로잡을, 화려하고 빼어난 이벤트이긴 했지만 어디까지나 이벤트일 뿐이었다. 그 이후 남·북, 북·미 관계가 실질적인 발전으로 이어지진 못했으니 말이다. 북한과의 관계를 유지·발전시킨 나라는 한국도 미국도 아닌 중국이었다. 북·중 정상회담이 자주 이뤄지면서 양국 관계의 밀도가 더욱 높아지는 정황을 북·중 접경 지역 곳곳에서 어렵지 않게 포착할 수 있었다. 이러한 현실 때문에 접근이 불가능한 북한을 제대로 알기 위해서는 무엇보다 중국을 알아야 하고, 그래서 "북한은 중국에 있다."는 표현도 가능하다.

◉ 단둥에서 벌어진 불법 취업 북한 노동자 소탕 작전

2018년 말과 2019년 초 북·중 접경 지역은 특히 복잡하고 시

끄러웠다. 도강증渡江證 발급이 중단된 이후 여권을 든 북한 노동자가 단둥으로 몰려들었다. 특히 2018년 10월과 11월 두 달간 집중적으로 들어와 이 기간에만 무려 1만여 명이 단둥에 도착했다. 물론 이들은 취업 비자를 받은 것이 아니기에 모두 불법 취업자였다. 그런데 이렇게 북한 인력을 허용해준 단둥 당국이 돌연 대대적인 소탕 작전에 돌입했다.

2018년 12월 31일 단둥의 소식통은 "공안 당국이 북한 인력 싹쓸이에 착수했다."고 알려왔다. 12월 29일부터 공안 당국이 공장에 들이닥쳐 불법 취업 북한 인력의 여권을 몰수하기 시작했다. 연말연시를 맞아 공안 당국이 작심하고 불법 취업 북한 인력 소탕 작전에 돌입한 것이다. 단둥 당국은 2019년 1월 초순 기준으로 단둥 시내에서 13개 공장, 단둥 외곽인 둥강東港 지역에서 5개 공장을 덮쳐 5,000명가량의 여권을 압수했다.

한국인 동대문 상인이 사실상 경영하는 한 회사는 북한 인력 650명 가운데 200명의 여권을 압수당했다. 이 회사는 단둥 여러 곳에서 북한 인력 공장을 운영하고 있는데 1개 공장 노동자가 여권을 빼앗겼다. 모두 평양에서 온 노동자였다. 단둥의 또 다른 회사는 북한 인력 550명을 고용하고 있었는데 300명의 여권을 빼앗겼다. 한 대북 사업가는 친한 북한 노동자가 울면서 걸어온 전화를 받았다. 출국 직전 마지막 인사였다.

공안의 급습을 받은 공장 측은 당황했다. 도강증이 아닌 여권으로 들어오는 북한 인력은 괜찮을 것이라는 공안 당국 관계자의 말을 듣고 일을 추진했기 때문이다. 불과 한두 달 전에 평양까지 가서 적잖은 돈을 써가며 노동자 여권을 힘들게 만들어 인력을 데려왔던 터였다. 연말연시 공안국의 일제 단속에 "단둥의 북한 인력 전부를 정말로 다 때려잡는 것 아닌가?" 하는 불안이 한때 확산하기도 했다.

단속의 파장은 단둥 공장에 제작 주문을 넣은 각국 기업으로도 번졌다. 비싼 원단을 구입해 북한 인력이 일하는 단둥 공장에 주문을 의뢰했는데, 일할 사람이 사라져 버리면 제품을 완성할 수 없게 된다. 납기를 못 맞춘 제품은 의미가 없다. 게다가 봉제 작업은 재단을 한 상태에서 꿰매지 않으면 옷감이 수축하므로 사실상 정상 작업은 실패한 것으로 간주한다.

🅱 북한 노동자 쫓겨나는 와중에도 비밀 작업

여권을 빼앗긴 이후 단둥의 공장 측이 보인 반응은 크게 두 가지였다. 전례 없는 소탕 작전에 사업을 포기하고 북한 노동자를 곧바로 귀국 조치하는 곳이 있는가 하면 당국과 협상하며 끝까지 버티는 곳도 있었다. 2019년 1월 초순 기준으로 단둥 시내에서는 여권을 빼앗긴 13개 공장 가운데 절반의 공장에서 북한 노동자가 귀국했다. 단둥 외곽 둥강 지역에서는 5개 공장 가운데 3곳에서 여권

압수 3일 만에 모두 귀국했고, 2곳은 나가지 않고 버텼다.

북한 노동자 200명의 여권을 압수당한 한 공장은 제발 살려달라고 빌었더니 공안 측이 1인당 5,000위안(약 83만 원)의 뒷돈을 요구했다. 이에 공장 사장은 3,000위안(약 50만 원)으로 금액을 낮춰 제시해 협상을 벌였다. 또 다른 공장에서는 아예 한 번에 30만 위안(약 5,000만 원)을 찔러주기도 했다. 하지만 공안 측은 돈을 돌려주며 북한 노동자를 쫓아냈다.

이런 와중에도 어떻게 해서든 생존이 가능한 곳이 중국이기도 하다. 우선 공장 문을 닫은 것처럼 속이는 방식으로 비밀리에 작업을 이어갔다. 북한 인력을 단둥에서 오래전부터 고용해온 한 공장은 여권이면 된다는 소문이 나올 때도 도강증 인력을 그대로 유지했다. 그리고 도강증 단속이 본격화되자 마치 공장을 폐쇄한 것처럼 속이고 사업을 계속했다.

문을 잠그고 창문 커튼을 다 쳐버려 빈 공장으로 위장했다. 정문에는 경비를 세워두고 누가 찾아오면 공장을 폐쇄했다고 답하게 하고, 공안이 출동하면 비상 연락하도록 조치했다. 식사 시간에는 비밀 통로를 통해서 식당에 가 조용히 식사하고 돌아와 일했다. 주로 수십 명 단위 인력의 소규모 공장이 이런 식으로 비밀 작업을 이어갔다. 그리고 단속의 강도가 뜸해진 뒤로는 많은 공장이 이런 방식으로 공장 가동을 했다.

공안 당국은 이를 모를까? 잘 알고 있지만 눈감아 주는 것이다. 낮에는 모른다손 치더라도 밤이면 불빛이 새어 나와 한눈에도 공장 가동 사실을 알 수 있다. 이런 공장은 한둘이 아니었다. 신고를 해도 소용없었다. 북한 인력 추방 조치를 당한 한 공장주는 비밀 영업을 하는 공장 여러 곳을 알아내 당국에 신고해봤지만 아무 조치가 없었다.

⊙ 위기 속 기회를 잡기도

공안 당국의 단속이 오히려 즐거운 공장도 있다. 평소 공안 측과 수시로 소통하며 탄탄한 관계를 구축해놓은 공장에는 이런 위기가 오히려 기회가 됐다. 이들은 대규모 소탕 작전 와중에 오히려 북한 인력을 받아들였다. 2018년 12월 31일 둥강의 한 공장으로 북한 인력 120명이 들어왔다는 소식에 이어 2019년 들어서 북한 노동자 입국 소식이 속속 전해졌다. 오갈 데 없는 일감은 결국 이들 공장으로 몰릴 수밖에 없었다. 막강한 자금력으로 확실하게 공안 당국과 네트워크를 형성한 기업은 오히려 사업을 더 확장하게 됐다.

이런 현실을 단둥의 북한 인력 사업가 모두 잘 알고 있었다. 한 건물의 1층과 3층에서 각각 다른 회사가 북한 노동자를 부리고 있는데, 단둥 당국은 3층 공장은 건드리지 않고 1층 공장만 단속했다. 3층 공장은 평소 공안 당국 관리를 잘해온 것이다. 쫓겨나야 하는 1층 공장 측에서 가만히 있을 리 없다. 공안을 향해 욕을 해댔다. "좋다. 불법 취업이라니까 나가긴 나간다. 그런데 내보낼 거면 다 내보내라. 왜 우리만 쫓아내고 위층 공장은 안 잡나? 쟤네 안 나가면 우리도 가만 안 있겠다."며 목소리를 높였다. 하지만 이렇게 욕하고 소리쳐봐야 소용없다. 칼자루는 결국 중국 공안이 쥐고 있다.

단둥의 소식통은 북한으로 쫓겨나는 북한 노동자 담당 간부와 2019년 1월 초순 마지막 식사를 했다. 북측 인사는 "우리처럼 힘없는 사람은 쫓겨나지만 힘 있는 이는 공안 당국과 흥정 중"이라고 말했다. 공안 당국을 상대로 한 흥정 과정에는 "그동안 받아먹은 돈이 얼마인데…" 하는 협박도 나왔다. 단둥 현지에서는 춘절春節, 중국의 설을 앞두고 공안 당국이 평생 먹고살 돈을 마련하기 위해 본격적으로 뇌물을 뜯으려 한다는 소문도 나왔다. 한 공안 관계자는 "지금 상황이 안 좋으니 좀 더 기다렸다 들어와라. 그때 봐줄게."라고 제안하기도 했다.

복수의 단둥 소식통은 단둥 세관에서 목격한 모습을 비슷하게 묘사했다. '떠나고 새로 들어오는' 북한 노동자로 매우 북적대고 정신없다는 것이다. 불법 취업 노동자를 추방하라는 당국의 지시에 따라 공장을 떠나 귀국하는 행렬이 매일 길게 이어졌다. 이들은 한 번 나가면 다시는 들어올 수 없도록 했다. 그런데 흥미로운 것은 단둥으로 들어오는 또 다른 북한 노동자 행렬도 길게 이어진다는 것. 이들은 새로운 공장에서 일할 인력이었다. 단둥 당국은 기존 북한 노동자를 모두 귀국 조치하면서도 새로운 공장에서 일하는 북한 노동자는 허용했다. 그래서 많은 회사가 기존 공장을 폐업 조치한 뒤 새 공장을 만들어 놓고 인력을 새롭게 고용하는 방식을 취했다.

소식통은 단둥 당국이 세관에서 떠나는 북한 노동자의 모습을 촬영하고 보고서를 작성해 베이징으로 보내면, 베이징은 이 보고서를 유엔과 미국 등에 보여주며 제재 이행의 증거로 설명한다고 전했다. 북한 노동자 출국 행렬 현장에는 미국 측 인사도 와서 현장 상황을 파악해 자국에 보고했다고 소식통은 덧붙였다.

🙂 중국에 '우리' 사업 간섭 말라는 북한

5월 투먼의 대북 사업가는 달라진 투먼의 모습을 전해왔다. 2012년 북한 노동자가 처음 들어오고 일정 기간 옌볜조선족자치주에서의 북한 노동자 고용은 투먼시 북한공업단지에서만 가능했다. 하지만 어느 순간부터 공단 밖에서도 북한 노동자를 고용하기 시작했다. 북한 측에서는 "중국 정부가 왜 민간사업 부문에 일일이 참견하느냐. 우리 민간끼리 일하게 내버려 둬라."라고 요구했다. 랴오닝성 선양瀋陽에 있는 북한 총영사가 지린성 정부에 이런 식으로 따졌다. 그러면서 구체적으로 북한 노동자 식사와 기숙사 문제도 이제 더는 간섭하지 말라고 선을 그었다. 숙식비를 관리하면서 거기에서 남는 이익까지 모두 직접 챙기겠다는 뜻이었다.

투먼시 북한공업단지 밖에서 봉제공장을 운영하는 한 사업가는 2019년 5월 "다음 달(6월)까지 북한 노동자를 300명 추가로 받기로 했다."고 말했다. 기존 공장 노동자는 내보내고 새로 만든 공장에서 일하는 북한 노동자는 받아주는 방식으로, 새 인력이 안착하는 상황으로 이어졌다.

◉ 북한에 남아도는 게 쌀인데 한국은 왜 쌀을 보내나?

단둥의 대북 사업가는 5월에 북측 인사를 만났다며 이렇게 말했다. "북한은 지금 쌀이 남아돈다고 하는데 한국 정부는 왜 북한에 쌀을 지원한다고 하는 거냐. 지금 중국에서는 산둥성 옌타이煙臺와 웨이하이威海에서 북한 남포로 어마어마한 물량의 쌀이 들어가고 있다. 중국 당국이 북한으로 들어가는 밀반입 쌀 가격을 아주 낮게 책정해주고 있다. 그래서 암암리에 쌀이 굉장히 많이 들어가고 있다. 특히 2018년 겨울 폭발적으로 들어갔다." 소식통은 이후 나선특구에서 공장을 하는 북측 사장과 통화했는데 그 역시 쌀이 잘 들어오고 있다고 말했다고 전했다.

쌀뿐만 아니라 술, 담배 등 기호식품도 단둥에서 북한으로 자주 들어갔다. 담배는 미국산과 중국산 말보로가 인기였다. 이 무렵 평양에선 백화점도 새롭게 많이 늘었고 '중국산' 라벨만 붙어 있으면 한국 제품이 들어가는 것도 상관하지 않았다. 한국 제품 물량이 수년 전보다 2~3배 정도 많아졌다는 것이 소식통의 전언 이다. 아울러 중국에서 무역하는 북한 사람도 예전보다 50% 정도 증가했다. 주로 단둥과 상하이 등 대도시에서 투자 유치를 위해 발 벗고 뛰었다. 이들은 "이번엔 다르다. 투자기업의 안전을 보장 한다. 투자금도 반드시 보장한다."며 설득하고 다녔다.

단둥의 한 대북 사업가는 북한 인력담당 중간 간부의 부탁을 받고 선물을 사 들고 갔다. 쿠첸 전기밥솥이었다. 반길 줄 알았던 북측 인사가 황당한 반응을 보였다. 쿠첸 밥솥을 들고 이리저리 살펴보더니만 "이거 말고 요즘 나온 쿠쿠 밥솥이 있는데… 그게 더 좋은데…"라고 말하는 것이 아닌가. 그가 말하는 쿠쿠 밥솥은 한 국에서 60만 원이 넘는 고가 제품이었다. 사업가는 어이가 없었지 만 결국 쿠첸 밥솥을 도로 갖고 나와야 했다. 그리고 나중에 북측 인사가 원하는 쿠쿠 밥솥을 새로 사서 선물로 줬다. 북한 인력을 제대로 받기 위해서는 인력담당 간부의 부탁을 들어줄 수밖에 없 었다. 단둥의 사업가는 "보통 사람이 이 정도로 뜯어간다면 고위 직은 도대체 어느 정도이겠냐."며 한숨을 쉬었다.

02장

2019년에도 분주한 북한 노동자

🌐 중국에서 한국인도 북한 노동자 공장 운영

2019년 5월 중국 랴오닝성의 소식통으로부터 연락이 왔다. 북한 노동자 3백여 명이 일하는 단둥의 봉제 공장에 다녀온 뒤였다. 이 공장에서는 평양에서 만들어온 북미 유명 브랜드의 겨울 점퍼를 수출용 박스에 포장하고 있었다. 고가 제품으로 한국에서도 인기가 많았다. 평양에서 대량으로 만들고 단둥 공장에서 다림질과 마무리 작업을 한 뒤 '메이드 인 차이나' 라벨을 달고 해당 국가로 수출하는 현장이었다. 2018년 CJ에서 평양산 점퍼를 판매했던 것과 똑같은 방식의 작업과 수출이 2019년 5월 여전히 단둥에서 일어났다.

단둥에서는 새롭게 쏟아져 나오는 북한 노동자(2019년 5월 기준 단둥의 북한 노동자 5만 4,000명, 7월엔 5만 명으로 감소 추정)를 잡으려는 움직임이 분주했다. 2019년 5월 한국인 사업가 30명가량이 단둥에 와 있고 이 가운데 10명은 실제로 북한 인력을 활용한 사업을 하고 있었다. 한 한국인 사업가는 기존 200명이던 북한 인력을 500명으로 늘려 두 번째 공장까지 운영하기 시작했다. 그는 중국인 아내 명의로 이러한 사업을 했는데, 공장에는 한국인 직원 몇 명이 상주하면서 생산 상황을 관리했다. 한 중국인 사업가는 새로 조성한 공장 부지에 북한과 중국 사업가를 초청해 사업 확장 계획을 설명하기도 했다.

2019년 단둥의 새 공장 건물에서 대화하는 북·중 기업인

⊛ 캐나다 구스도 생산하는 북한 노동자

2019년 6월에는 출국하려던 북한 노동자가 한꺼번에 세관으로 몰렸다가 되돌아오는 촌극도 연출됐다. 강제 추방 조치에 따라 여러 공장의 북한 노동자가 출국하기 위해 단둥 세관으로 한꺼번에 몰려들면서 머물 공간마저 부족해 빚어진 일이었다.

한 공장은 2019년 5월부터 7월 중순까지 두 달 반 기간에 북한 노동자 350명을 추가로 받아들여 모두 450명의 북한 노동자를 데리고 공장을 운영했다. 북한 공장과 계약을 맺고 북한과 단둥에서 동시에 작업을 진행했다. 2019년 6월 이 공장을 다녀온 단둥의 소식통은 공장에서 세계 각국의 다양한 브랜드 의류를 대규모로 생산하고 있는 현장을 목격했다. 450명 인원으로는 도저히 해낼 수 없는 물량으로 북한 공장과 공동으로 생산하고 있었다. 그는 이 공장에서 평양에서 만들어 밀수한 다수의 제품을 확인했다. 이 가운데 두 종류의 의류를 골라 사진을 찍었다. 캐나다의 명품 아웃도어 브랜드인 '캐나다 구스CANADA GOOSE'와 중국의 유명 아웃도어 브랜드인 '토레드

2019년 6월 단둥 공장에서 촬영한 캐나다
구스(좌)와 토레드(우) 의류

TOREAD' 의류였다.

캐나다 구스 외에 캐나다의 또 다른 유명 고가 브랜드 의류도 북한에서 만들었다. 단둥의 소식통은 이 브랜드 의류가 2016년에 이어 2017년에도 평양에서 작업한 사실을 확인했다고 말했다. 해당 브랜드 명칭은 사진 등의 직접적인 증거가 없어 공개하지 않겠다. 이 브랜드 의류 주문을 진행한 이들은 200명 정도인데 모두 캐나다로 이민 가 정착한 중국인, 즉 화교華僑였다. 단둥의 소식통은 자신이 하던 이 작업을 단둥의 다른 북한 노동자 공장으로 넘겼고, 이후 이 작업은 평양 공장에서 이뤄졌다고 전했다.

◉ 중국 빼고 남북끼리 하자는 북한

2019년 8월 단둥의 한국인 사업가는 북한 노동자 530명이 일하는 중국 공장 사장을 만났다. 이 사장은 최근 한국에서 코트 4만 장을 주문받아 처리했다며 1/3은 단둥 공장에서, 2/3는 평양 공장에서 만들었다고 말했다. 이 자리에는 평양 인력 관리 사장도 같이 있었는데 평양 사장은 한국인 사업가와 단둘이 있게 되자 은근하게 사업 제안을 했다. "한민족인 우리끼리 합작 기업을 만들어서 곧바로 평양으로 보내 만들자."는 것이었다. 중국을 거치지 않고 직거래하면 이윤도 훨씬 많이 남는다며 별의별 조건을 다 제시했다. 평양 사장은 한국 최고급 의류도 평양과 나선특구에서 많이 만들고 있다며 이렇게 유혹했다.

또 다른 대북 사업가는 수천억 원 규모의 매출을 자랑하는 한국 의류회사도 코트와 란제리 등 일부 고가 브랜드 의류를 평양에서 직접 제조해 '중국산'으로 팔고 있다고 말했다. 한국으로 납품되는 의류 가운데는 다양한 회사의 직원 단체복도 많다. 보통 동복冬服과 하복夏服을 함께 제작했다. 대부분 단둥 공장에서만 생산하기엔 물량이 너무 많아 평양 공장에서도 함께 작업이 이뤄졌다. 해당 작업을 직접 했던 대북 사업가는 처음엔 평양 본사에서 작업하다가 운수 비용을 아끼려고 신의주 공장을 평양지사로 해서 계약을 따내 신의주에서 생산했다고 전했다.

⊙ 단속 강화되면 밀수 운임 상승

2019년 10월 현재 북·중 접경 지역에서의 북한 노동자는 여전히 바쁘게 일하고 있었다. 안보리 내북제재 결의에 따라 2019년 말까지 해외 파견 북한 노동자는 모두 귀국해야 하지만, 그런 움직임은 전혀 보이질 않았다. "올해 말까지 복귀해야 하는 것 아닌가." 하는 질문을 던지면 외지인이거나 바보 소리를 들을 정도였다. 가장 인기 있는 분야는 수산업 부문으로 투자도 많이 이뤄졌다.

이 무렵 중국 당국의 북·중 접경 지역 밀수 단속은 느슨했고, 북한에서 만든 제품을 중국으로 들여오는 밀수 운임은 저렴했다.

밀수 운임의 많고 적음은 중국 당국의 단속 정도와 연관돼 있다. 단속이 강화되면 위험도가 높아지니 밀수 운임이 올라가고, 그렇지 않으면 낮아진다. 이러한 현상은 베이징으로부터의 구체적인 지시에 따른 것이 아니다. 현지에서 눈치껏 알아서 조절한다. 예를 들어 김정은 위원장이 중국을 찾고 나면 이는 북·중 관계가 상당히 좋다는 것을 의미해 접경 지역의 지방정부는 단속의 강도를 현저하게 낮춘다. 밀수가 쉬워지니 운임도 덩달아 떨어진다. 그런데 베이징의 최고위급 지도자가 북한에 대해 부정적인 언급을 하면 곧바로 지방정부에서는 밀수 단속을 강화한다. 단속이 강화되면 북한에서 나와야 할 제품이 갑자기 나오기 어려워진다. 그래서 어떻게 해서든 물건을 받아야 하는 쪽이 추가 비용을 들여서라도 물건을 빼내려고 안간힘을 쓰게 되는데 이 과정에서 비용이 오른다.

⊛ '김일성·김정일 기금 이사회' 주최로 해외자금 유치 총력

10월 초순에는 평양에서 '김일성·김정일 기금 이사회' 제4차 확대 회의가 열렸다. '김일성·김정일 기금'의 전신은 '국제 김일성 기금'이다. '국제 김일성 기금'은 2007년 10월 창설됐다. 기금 창설 목적은 "김일성의 유훈을 받들어 교육, 보건, 문화, 과학기술 발전, 국토환경보호사업 개선에 나서고 자주적이며 평화로운 새 세계를 건설한다."고 돼 있다. 그러다 김정은 시대에 들어 2012년 8월 '김일성·김정일 기금'으로 확대 개편했다. 2019년 회의는 기금 이사회 창설 이후 4번째 회의였다.

조선중앙통신은 2019년 10월 "최룡해 국무위원회 제1부위원장 겸 최고인민회의 상임위원장이 8일 만수대의사당에서 '김일성·김정일 기금 이사회' 제4차 확대 회의에 참가한 해외 동포 및 외국인을 만나 담화했다."고 전했다. 이 회의에 참여한 이들로는 "김선, 김옥화 이사를 비롯한 재중국 교포와 중국 손님, 토마스 칼 리히테르 독일 후원회 위원장 등"이라고 소개했다.

이 회의에 참석한 기업가를 만난 중국 소식통이 당시 어떤 일이 있었는지 필자에게 자세히 알려왔다. 우선 기금 이사회 회원이 되기 위해서는 가입비로 1인당 5,000달러를 내고 이후 연회비로 약 5,000달러 정도를 내야 한다. 북측은 회원 모집을 위해 외국인 사업가 상대로 적극적으로 설득 작업을 했다. 회원이 되면 다양한 특혜가 주어진다며 독려했다.

2019년 4차 회의 참석을 위해 회원들은 10월 5일 베이징에서 모두 모여 비행기로 출발했다. 회원에 대한 특혜는 평양 공항에 도착하면서부터 느낄 수 있었다. 보통 평양 공항을 빠져나가려면 절차가 상당히 복잡해 그 과정에 진이 다 빠지게 된다. 그런데 기금 이사회 회원은 안전 검사와 약식 절차만 거친 뒤 공항을 빠져나왔다. 회원 가운데는 나선특별시에서 카지노를 운영하는 중국인 사업가, 상하이에서 원단 장사를 크게 하는 사업가 등 거부가 꽤 포함됐다.

2019년 회의는 최룡해 제1부위원장이 5시간 동안 주재했다. 최 부위원장은 투자 규모가 큰 회원과는 일대일로 면담했다. 나머지는 몇 명씩 모아서 면담했다. 면담 과정에 최 부위원장은 "여러분이 이 땅에서 사업하는 동안 부정부패는 다시는 없을 것이다. 사업하면서 아무 문제 없도록 하겠다. 애로사항이 있으면 모두 말하라. 당장 시정하겠다."며 회원 발언을 경청하고 메모했다. 면담 도중 최룡해 제1부위원장은 이제 대북 사업은 과거와는 달리 규정과 절차대로 할 것이라고 수차례 강조했다. 또 중간에 이른바 벌레 로커가 끼지 않도록 철저하게 관리하라고 김정은 위원장이 특별히 지시했다고 전했다. 북한 당국은 "현재 평양에 외국인 상점 1호점도 확정돼 건물 공사가 진행 중"이라고 설명했다.

제4회 김일성·김정일 기금이사회 참석자. 가운데가 최룡해 제1부위원장

회원 가운데 가장 크게 대북 투자를 하는 유럽인 2명과 중국인 2명은 김정은 위원장과 별도로 만나 향후 대북 투자에 대해 논의하기도 했다. 소식통은 2020년 기금 이사회 때는 김정은 위원장이 직접 회의를 주재할 계획이라고 북측이 귀띔했다고 전했다.

◉ 화끈하게 돈 쓰면 보위성 직통 번호 제공

북한이 외화벌이에 얼마나 물불을 가리지 않는지는 '김일성·김정일 기금 이사회' 회의가 진행되는 동안에 쉽게 확인할 수 있었다. 최룡해 제1부위원장과의 면담이 끝난 직후 회원들은 곧바로 회의장에 마련된 북한 화가 그림 전시회로 안내됐다. 전시회 관계자는 "북한의 대표적인 화가 그림을 다양하게 전시해놓았으니 마음에 드는 게 있으면 사라."고 권유했다. 한 중국인 회원은 이 자리에서 그림 50점을 구매했다. 자신의 사무실에 북한 그림 500점을 수집·보유하고 있는 이 중국인은 앞으로 북한 그림 전시회 개최를 계획하고 있다.

일부 회원은 100점이 넘는 그림을 사기도 했다. 한 회원은 그림값으로 그 자리에서 현찰로 200만 위안(약 3억 4,000만 원)을 내놓기도 했다. 이렇게 '화끈하게' 그림을 사면 곧바로 표창장이 수여된다. 북한 인민을 위해 큰일을 했다고 주는 상이다. 상장뿐만이 아니다. 북한에서 생활하면서 혹시 무슨 문제가 생기면 곧바로 전화하라라며 국가안전보위성구 국가안전보위부, 한국의 국가정보원과 유사 직통 전화번호를 알려줬다. 사업 과정에 벌레가 끼거나 어떤 어려움이 생길 때 이 번호로 전화하면 곧바로 해결해준다는 뜻이다. 이런 번호는 극히 일부 고위층 인사만 알기에 전화번호를 안다는 것 자체가 특혜인 셈이다.

쉽게 말해서 외국인 사업가가 북한에 확실하게 투자만 한다면, 간첩질만 하지 않는 이상 사업과 사생활에서 모든 자유를 누리게 해주겠다는 뜻이다. 거부巨富라면 북한에서 영웅 대접을 받을 수 있는 셈이다. 이런 걸 잘 아는 중국의 돈 많은 사업가가 북한을 찾고 있다. 돈만 많이 내면 세계적으로도 유명한 북한의 1, 2인자와 면담하고 사업과 사생활을 보장해주는 특혜를 받을 수 있으니, 그들로서는 그럴 만도 했다. 중국에서는 상상도 못할 일이었다.

◉ 북한 그림 매매 역시 대북제재 위반

그런데 이처럼 평양에서 그림을 매매하는 행위는 유엔 안보리 대북제재 결의 위반에 해당할 가능성이 크다. 2017년 6월 30일 유엔 안보리는 대북제재 결의 2371호를 통해 '만수대창작사'와 '만수대 해외 개발 회사 그룹'을 제재 대상으로 지정했다. 만수대창작사가 벌어들인 외화가 북한 핵무기 개발에 전용될 수 있다는 이유 때문이었다. 1959년 설립된 만수대창작사는 북한에서 규모가 가장 큰 미술창작 단체로 조선노동당 중앙위원회 직속이다. 1970년 대부터는 종합적인 미술창작 기지로 만들라는 고 김정일 국방위원장의 지시에 따라 유능한 미술가를 엄선해 배치했다. 만수대창작사 산하 만수대 해외 개발 회사 그룹에서는 외국 주문을 받아 작품을 창작하기도 하고 작가를 해외에 파견해 작품 활동을 지원하기도 한다.

만수대창작사 그림은 국내에서도 크게 논란이 됐다. 통일부 산하 남북교류협력지원협회장과 세계한인상공인총연합회 회원들은 2018년 11월 15일부터 18일까지 북한을 방문했다. 이때 만수대창작사에서 그림을 구매해 입국 과정에서 세관에 적발됐다. 통일부 산하 기관장이 동행했음에도 대북제재 대상 단체의 물품 구매를 막지 않았다며 당시 적잖은 논란이 됐다.

한편 '김일성·김정일 기금 이사회' 회의 기간 북한 기자도 외화벌이(?)에 동참했다. 회의 현장을 취재하던 기자가 기금 이사회의 한 회원에게 다가와 "비용을 내면 오늘 당신네 모습을 TV에 방송해줄 수 있다. 앞으로 김정은 위원장도 만나게 해줄 수 있다."고 제안했다. 그래서 회원들이 돈을 거둬 그가 요구한 500달러를 줬더니 실제로 당일 저녁 조선중앙TV 메인 뉴스에서 자신들의 모습이 담긴 회의 장면이 나왔다.

이런 가운데 북한에서 해외 투자를 전담하는 위원회의 여성 위원장이 2019년 말 현재 중국 랴오닝성 선양에 별도의 사무실을 마련하고 직접 뛰고 있다고 소식통은 전했다. 북한이 총영사관이 있는 선양에 베이스를 두고 투자 유치를 위해 안간힘을 쓰고 있음을 엿볼 수 있다. 북한이 이처럼 안팎에서 해외 투자 유치를 위해 활발한 움직임을 보이는 비슷한 시기에 중국에서도 대북 투자를 독려하는 자리가 마련됐다. 대규모 북한 투자를 하는 이들을 중국 정부 차원에서 불러 면담하면서 "앞으로 북·중 관계가 좋아지니까 편한 마음으로 사업하라."고 격려했다.

◎ 서울 한복판에서도 자행되는 북한산 의류의 라벨 갈이

한편 국내 대형 의류회사 가운데는 북한에서 만든 의류제품을 중국산이 아닌 아예 '메이드 인 코리아'로 속여 판매하는 사례도 적지 않다. 소식통은 북한산 완제품이 서울 금천구 독산동의 봉제공장에서 '라벨 갈이'를 한다고 전했다. 흔히 라벨 갈이를 하는 곳으로 많이 알려진 곳은 서울 동대문 시장이다. 동대문 시장에는 라벨 갈이 골목이라고 불리는 곳도 있다. 그런데 동대문 시장은 주로 중저가 제품 라벨 갈이를 하는 곳이고, 유명 브랜드 의류 라벨 갈이를 주로 하는 곳은 서울 금천구 독산동 일대에 있다.

중국 랴오닝성에서 봉제공장을 운영하는 한 사업가는 2019년 자신의 경험을 소개했다. 독산동의 한 업체로부터 주문을 받아 북한에서 만든 의류 완제품을 해당 업체로 보냈는데 이 완제품이 독산동 공장에서 한국산으로 라벨 갈이를 한 뒤 판매됐다. 해당 의류는 국내 유명 의류회사 제품으로 본사에서 독산동으로 직접 나와 제품 검사를 했다. 즉 국내 유명 의류회사가 북한산 제품을 국내산으로 속여서 판매하는 행위를 주도한 셈이다.

독산동에서 이런 일이 비일비재하다는 것이 이 사업가의 설명이다. 북한에서 만들면 임가공비가 월등히 저렴하면서도 품질에 문제가 없다는 사실을 확인하고 북한산 제품을 선호하고 있다. 이왕 속이는 김에 아예 국산 제품으로 만들어 버리는 것이다.

2018년 촬영한 중국 지린성의 북한 노동자 공장

100만 원대 고가 옷을 파는 국내 유명 의류회사 한 곳도 2019년 독산동에서 중국산을 한국산으로 라벨 갈이 한 사실이 있다고 이 사업가는 말했다. 서울에서 원단을 재단해서 중국으로 보내면 중국 공장에서 완제품을 만들어 '중국산' 라벨을 붙여 독산동으로 보내고, 독산동 공장에서 다시 라벨을 국산으로 바꿔 다는 방식이다. '국산'이라며 고가로 판매되는 의류 가운데 북한산 또는 중국산 제품이 꽤 있는 것이다.

그런데 정부는 2019년 독산동 일대를 봉제산업 거점지역으로 키우겠다고 발표했다. 정부는 4월 8일 이낙연 국무총리 주재로 도시재생특별위원회를 열어 2019년 상반기에 추진할 도시재생 뉴딜사업 대상 지역 22곳을 선정했다. 이 가운데 대표적 사례로 독산동 우시장 일대를 들었다. 이는 서울시에서 최초로 시행되는 정부 선정 뉴딜사업이다. 정부는 면적이 23만 2,000㎡에 이르는 독산동 우시장 일대를 봉제산업 거점지역으로 키우겠다고 밝혔다. 의류 제조·생산·판매가 한 번에 이뤄지는 산업문화 어울림센터를 2023년까지 조성한다는 계획이다.

03장

대북제재에도 북한 인력을 계속 허용하는 중국

⊙ '연수생' 비자로 중국에 속속 입국하는 북한 인력

유엔 안보리가 2017년 12월 22일 채택한 대북제재 결의 2397 호는 해외 파견 북한 노동자를 2년 이내 귀환시키도록 했다. 즉 2019년 12월 22일 이후로는 해외에서 일하는 북한 노동자가 있어선 안 된다. 그런데 2019년 11월 중국 정부가 이를 완전히 무시하는 정황이 포착됐다. 지린성의 대북 사업가는 옌볜조선족자치주의 한 지방정부 관료가 11월 북한 노동자 700여 명을 제공할 테니 공장을 운영하라는 제안을 했다고 전했다. 옌볜조선족자치주 안의 북한 노동자를 내보내는 작업에 차수했어야 할 지방정부 관료가 이들을 내보내기는커녕 오히려 새로운 북한 노동자를 제공할 테니 공장을 운영하라고 제안한 것이다.

이뿐만 아니다. 2019년 하반기에는 북한 노동자 다수가 중국으로 나올 때 아예 1년 비자를 받았다. 북한 인력 다수에게 1년 비자를 내준다는 것은 안보리 대북제재 결의 위반이 뚜렷한데 중국이 그렇게까지 대놓고 제재를 위반할 수 있을까? 모든 제재에는 나름의 회피 방법이 있기 마련이었다. 이들은 나선특별시의 북·중 합작 법인에서 연수생 자격으로 비자를 받아 나왔다. 북·중 합작 회사 직원이 연수 목적으로 중국을 나온다니 형식적으로는 대북제재 결의 위반이 아닌 셈이다. 그런데 이렇게 연수생 신분으로 나와서 실제로는 중국 공장에서 일했다. 중국 당국은 이들에게 1년 체류 비자를 줬다. 북한은 연수생 자격증을 6개월마다 갱신하도록 했다. 그래서 중국으로 나와 6개월 일하다가 귀국했다 나오는 방식으로 6개월마다 국경을 넘나들며 중국에서 일했다.

사실 이는 과거 북한 노동자가 중국에서 일하면서 자주 사용해오던 방식이었다. '연수생' 비자로 나오는 것은 북한 인력담당 회사가 선호하는 불법 취업 방식이었다. 북한은 해외 노동자에 대해서는 월급의 30% 정도를 국가 납부금으로 내도록 규정해놓고 있다. 그런데 이는 정식 노동자 자격일 경우이다. 기업의 '연수생' 자격일 때는 국가 납부금을 요구하지 않는다. 기술을 배우러 외국에 나간다는데 돈을 요구할 수 없다. 돈을 벌기 위해 나가는 일반 노동자와 구분하는 것이다. 그런데 이 제도를 북한 인력담당 회사가 이용한다. 노동자 신분이 아니고 '연수생' 신분으로 해달라고 북한 외무성의 담당 공무원에게 부탁한다. 물론 적당한 뇌물 제공과 함께. 이렇게 약간의 뇌물만 주면 노동자 월급의 30%나 되는 국가 납부금을 내지 않아도 되니 많은 북한 인력담당 회사가 이렇게 하길 원한다. 그리고 중국 정부 역시 이를 묵인해준다.

◉ 한국인 투자도 받는 단둥 북한공업단지 조성 추진

북한과 중국이 얼마나 가까운지, 미국을 중심으로 한 국제사회와는 얼마나 다른 생각을 하고 있는지 결정적으로 보여주는 상황을 필자는 2019년 11월 추가로 파악했다. 지린성 투먼에 2011년 조성했던 '북한공업단지'를 단둥에서도 조성한다는 소식이다. 더 놀라운 사실은 단둥의 북한공업단지에는 한국인 투자도 환영한다는 점이다. 랴오닝성의 소식통은 이러한 내용이 담긴 북·중 회사 간 계약서를 확인했다고 전해왔다. 물론 이는 단둥시 당국의 허가 없이는 불가능한 일이다.

단둥 공안국은 3개월마다 한 번씩 친지 방문 등의 목적으로 나올 수 있도록 3개월짜리 비자를 허용하기로 했다. 3개월 되는 시점 토요일 아침에 출국했다가 당일 오후 다시 들어오는 형식인데 공안 당국과 관계가 좋으면 사람은 나가지 않고 서류만 처리하는 것도 가능하다. 물론 이 모든 일 처리는 티 나지 않게 조용히 진행된다.

단둥의 공단에서는 한국산 제품을 중국산으로 둔갑한 뒤 북한으로 들여보내는 프로젝트도 추진하고 있다. 공단에 북한 노동력을 고용한 포장 전용 공장을 만들어 놓고 한국산 물건을 중국산 제품으로 바꾸는 작업을 준비하고 있다. 단둥의 부유한 북한 사업가는 귀국 때 너나 할 것 없이 고가의 한국산 선물을 사 들고 가길 원한다. 그래서 이 프로젝트는 사업성이 충분해 보인다. 한국산 제품은 늘 품귀 현상이기에 이처럼 전용 공장을 만들어두면 관련 상품이 상당히 잘 팔릴 것으로 업자들은 기대했다.

◉ 2019년 12월 22일 이후에도 여전한 중국의 북한 노동자

예상대로였다. 해외에 있는 북한 노동자의 귀국 마지노 시한인 2019년 12월 22일 이후에도 북한 노동자는 여전히 중국에서 일하고 있다. 11월 말 단둥의 소식통은 단둥 당국이 대북 사업가들에게 내린 지시 사항을 전해왔다. 5만 명으로 추산되는 단둥의 모든 북한 노동자는 일단 12월 22일까지 전원 북한으로 돌아가야 한다는 것이다. 그리고는 다시 받아들인다는 조치였다. 이러면 형식적으로, 서류상으로 북한으로 귀국한 흔적이 남게 된다. 이 조치로 인해 단둥의 북한 인력은 훈춘의 취안허 세관 쪽으로 몰렸다. 훈춘 세관을 통하면 당일 오전에 나갔다 오후에 들어올 수 있지만, 단둥은 하루 자고 들어와야 했다. 중국 당국과 끈끈한 네트워크가 형성된 회사에는 이마저도 남의 일이었다. 회사 관계자가 북한 노동자 여권을 모두 들고 가서 행정 절차를 끝냈다. 노동자 이동은 없었다. '일단 전원 귀국' 지시가 떨어지자 단둥에서는 브로커가 활개를 폈다. 북한 노동자 1인당 300위안(2020년 1월 2일 기준 약 5만 원)씩 받고 '친지 방문' 비자가 가능한 여권 행정처리를 대행했다. 돈 있고 힘 있는 업체는 이렇게 해서 북한 노동자를 움직이지 않고 계속 일하게 했다. 그럴 능력이 안 되는 업체의 북한 노동자는 하루나 이틀 일정으로 북한으로 들어가 비자를 받고 나와야 했다. 공안 당국도 서류 대행으로 일 처리하는 것을 원했다. 많은 인원이 한꺼번에 몰려들어 생기는 업무량 폭주를 피할 수 있고 서류 대행을 통해 뒷돈도 챙길 수 있으니 그야말로 '꿩 먹고 알 먹고'였다.

12월 21일 단둥의 소식통은 단둥의 북한 노동자가 훈춘으로 한꺼번에 몰려들면서 단둥에서 훈춘으로 가는 기차표를 구할 수 없을 정도라고 전해왔다. 또 다롄의 소식통은 북한 인력담당 대표가 12월 하순 북한 노동자 수백 명의 여권을 들고 단둥을 거쳐 신의주로 들어가 비자 처리를 마치고 나왔다고 전했다.

봉제 인력뿐만이 아니다. 식당에서 일하는 북한 노동자도 같은 방식으로 일하고 있다. 다롄의 한 대규모 북한 식당에서는 북한 노동자 60명이 서류 대행을 통해 여권 처리를 하고 계속 일하고 있다. 2019년 말 이 식당을 다녀온 소식통은 예약하지 않으면 식당을 이용할 수 없을 정도로 성업 중인 것을 확인했다. 이 식당은 일손을 더 필요로 해 12월 말 북한 인력을 추가로 고용하기도 했다. 베이징 등 일부 북한 식당에서 종업원이 귀국하는 것은 중국 정부의 강제 추방 조치 때문이 아니라 경영난 때문이라고 소식통은 전했다. 일부 북한 식당은 고가의 북한 음식만을 고집하다 보니 중국 손님 발길이 줄어들면서 적자가 불가피했다. 이런 상황에서 군이 안보리 제재를 어겨 가면서까지 일할 필요가 없다는 판단에 따라 종업원 귀국을 결정했다.

세계의 봉제공장,
북한

01장

'봉제공장 북한'은 성업 중

세계 톱 브랜드 나이키부터 이름 없는 저가 브랜드까지 북한 노동자는 안 만들어본 옷이 없을 정도이다. 북미·유럽·한·중·일 등 전 세계 의류가 북한 노동자 손으로 만들어져 왔다. 유엔 안보리의 대북제재? 그런 건 아무 상관도 없었다. 그리고 앞으로도 북한 노동자의 작업은 지속할 것이다. 이는 물건을 만들어달라고 요청하는 쪽이나 만들겠다고 응답하는 쪽의 이해관계가 정확하게 맞아떨어지기에 가능한 일이다. 서로서로 간절히 원한다. 그 공통의 이유는 단 하나, 바로 돈이다. 세계 각국 기업은 이윤 추구가 목적이고, 북한은 외화벌이가 목적이다. 돈 앞에서는 어떠한 규제도, 윤리도 뒷순위다.

북한 노동자가 전 세계의 다양한 브랜드 의류를 생산하고 있는 현실을 필자는 수년 전부터 듣고 있었다. 중국에서 장기간 대북 사업을 하는 이들을 통해서다. 이들 가운데는 북한을 드나드는 중국인도 있고, 비밀리에 대북 사업을 하는 한국인도 있다. 하지만 관련 물증 확보는 쉬운 일이 아니었다. 때때로 관련 증거를 볼 수도 있었지만, 비공개가 조건이었다.

💻 대기업부터 중소기업 제품까지 만들어 한국과 수시로 거래한 북한

2017년 당시 50대 후반의 한국인 Y는 의류회사를 운영하며 평양과 신의주 공장에서 의류 100만 장을 생산했다. 주로 가격이 비싼 아웃도어 의류였다. 그 전해에는 200만 장을 생산했다. Y의 의류회사가 2017년 생산한 제품은 국내 유명 회사 직원이 입는 직원용 의류가 30~40%였고, 나머지는 국내 일반 아웃도어 의류였다. Y는 단둥에서 북한 노동자를 활용해 성공한 대표적인 사업가로도 손꼽혔다. 그는 대담하게도 단둥의 조선족이 운영하는 북한 노동자 공장에 직접 들어가 북한 노동자와 함께 생활하면서 북한 작업의 물꼬를 텄다.

국내 유명 패션기업도 2017년 자사 브랜드 의류를 북한에서 만들었나. 해당 기업이 직접 나서지 않고 하청을 받은 중국 기업이 북한 기업에 재하청을 주는 방식이었다. 평양에서 한 달에 6만 장 정도 만들었다. 평양의 K무역과 H무역에서 만든 이들 제품은 이

틀에 한 번꼴로 중국으로 들어와 중국산으로 둔갑한 뒤 한국으로 수출됐다. 이 과정에서 임가공비로 평양 공장에 건넨 금액은 의류 1장당 평균 7달러였다. 월 6만 장을 생산했으니 한 달에 42만 달러를 건넸다. 이 유명 기업은 이러한 작업을 지난 10년간 계속해왔다. 2017년 기준으로 총 5,000만 달러를 평양으로 건넸을 것으로 추정된다. 2019년에도 이러한 작업은 이어졌다. 이 회사는 이름만 대면 알 수 있는 국내 중저가 브랜드의 업체이다. 평양 공장에는 중국 지사 직원이 상주하며 옷 상태를 검사했다. 그리고 이 직원의 최종 사인을 받아 제품 출고가 이뤄졌다.

또 다른 국내 유명 패션기업 의류도 평양 H무역에서 10년 이상 생산해오고 있다. 역시 잘 알려진 국내 중저가 브랜드이다. 2017년 당시 기준으로 한 달에 적을 때는 4만 장, 평균 6만 장 정도의 우븐 의류를 생산했다.

이밖에 국내 저가 브랜드 제품은 셀 수 없을 정도이다. 한 회사는 중소기업 직원이 입는 점퍼와 작업복 위주로 2016년 한 해 북한에서 100만 장을 생산했다. 동대문 시장에서 팔리는 한 저가 브랜드 바지는 평양 공장에서 한 달에 40만 장씩 생산하기도 했다. 한국만 하더라도 이름 없는 브랜드부터 유명한 브랜드까지 각종 의류 생산이 북한 노동자 손으로 이뤄졌음을 알 수 있다.

중국의 대북 사업가 A는 2017년 봄 동대문 시장 관계자와 만나 나눈 대화를 필자에게 들려줬다. 동대문 시장 관계자는 "엄청나게 많은 봉제작업을 평양에서 한다."면서 한 중국인 사업가를 언급했다. 랴오닝성 선양의 조선족 사업가 L이다. L은 북한 총영사관이 있는 선양에서 북한 측과 네트워크를 구축해 평양 작업을 전담하는 브로커이다. 한국 기업이 중국 L의 회사에 주문하면 L의 회사가 평양 기업과 계약을 맺고 '북한산'을 만들어 '중국산'으로 수출한다. 동대문 상인으로서는 중국 하청업체에 주문해서 중국산으로 받는 것이니 나중에 적발되더라도 "우린 몰랐다."고 주장하면 된다. 이와 같은 방식으로 동대문 시장 상인 총 5명이 북한 생산을 크게 하고 있다고 동대문 시장 관계자는 말했다. 이들이 북한에서 생산한 제품 가운데는 미국 브랜드 의류도 있다.

중국 랴오닝성의 큰 회사인 S사는 2017년 한국 유명 패션 브랜드 2개 제품을 작업했다. 이 회사는 북한 작업이 성과를 거두자 사내에 북한부部를 별도로 두고 조선족을 대표로 앉혀 관련 사업을 확대했다. 5월부터 8월까지 매월 10만 장씩 생산했다. 주로 오리털과 솜 패딩 의류 작업이었다. 1벌당 임가공비가 10달러였다. 동일 작업이 중국에서 이뤄지면 15달러였다. 한 달에 10만 장씩 10달러로 계산하면 임가공비로 한 달에 100만 달러를 북한으로 건넨 셈이다.

이런 식으로 북한에서 만들어 단둥으로 보낸 뒤 '중국산'으로 한국에 들어온다는 사실이 알려지자 한국 당국이 단속에 나섰다. 단둥에서 들어오는 제품에 대해 원산지 추적 조사를 강화해, 수상하면 수입을 막았다. 그러자 다른 묘책이 등장했다. 북한에서 만든 완제품을 단둥이 아닌 랴오닝성 잉커우營口나 산둥성 옌타이煙臺에서 한국으로 보냈다. 두 지역 모두 단둥과 가깝다. 북한산 완제품을 단둥으로 들여오고 나서 단둥에서 멀지 않은 지역으로 보내 이들 지역에서 한국으로 들여보내는 방식으로 단속을 피했다.

외국에서 들어오는 제품은 반드시 보세창고에 일정 기간 보관해야 한다. 중국 당국이 대북제재를 이행한다며 본격적으로 단속하기 이전에는 통관 절차를 마친 북한산 제품 물량이 엄청났다. 북한산 제품이 보세창고를 거치지 않고 곧바로 중국 공장으로 직행할 때도 잦았다. 2017년 당시 전체 통관 물량의 15~20% 정도는 이런 식으로 공장으로 직행했다. 중국 현지 기업은 세무 당국과 타협해 보세창고가 아닌 자신들 공장에 직접 보관했다. 이렇게 하는 이유는 비용 절감 때문이다. 보세창고에 보관하면 창고비와 인건비 등 관련 비용 지출이 많아진다. 그래서 업자는 이 비용을 아끼려고 세무 당국에 뇌물을 주고 보세창고 보관을 피한다. 업자는 비용을 줄이고, 담당 공무원은 돈을 번다.

한편 단둥에서는 북한 사업가의 직접 투자도 등장했다. 단둥의 북한 노동자 공장은 대부분 중국인 소유지만, 시간이 흐르면서 북한이 직접 운영하는 사례가 생겨났다. 형식적으로는 북·중 합작회사이지만, 실제 투자자는 북한 국적이다. 이는 매우 이례적인 경우다. 북한 노동자 공장이 커다란 이익이 된다는 사실을 알게 되자 북한인 스스로 직접 투자에 나선 것이다. 북한 사업가가 투자한 한 공장은 북한 노동자 100명을 고용했다. 이 공장에서는 한국의 유명 온라인 쇼핑몰 사원이 입는 옷을 만들었다. 이 회사는 평양과 단둥 공장에서 번갈아 작업했는데 특히 한국의 모 대기업 직원이 입는 옷을 많이 만들어 한국으로 팔았다.

🔲 2019년 하반기에 확인한 북한 생산 일본 의류

중국 랴오닝성 다롄에는 일본 브랜드 의류 생산만을 전담하는 회사가 여럿 있다. 제품을 직접 제조하는 것이 아니라 좋은 조건으로 생산이 가능한 공장을 찾아 연결해주는 역할을 주로 한다. 좋은 조건이란 저렴한 인건비로 질 좋은 제품을 만드는 것을 말한다. 그래서 찾는 것이 북한 노동자다. 단둥 등 북한 접경 중국 지역의 북한 노동자 공장이나 북한 내에서 생산하기를 원한다. 필자는 북한과 접하고 있는 중국의 여러 공장에서 일본 브랜드 의류를 만든다는 소식을 수년간 들어왔지만 다른 나라 브랜드와 달리 일본 제품은 구체적인 증거를 잡기 어려웠다.

그러다 2019년 11월 다롄의 대북 사업가를 통해 북한 노동자가 생산한 일본 제품 사진을 입수했다. 단둥의 북한 노동자 공장, 그리고 평양의 봉제공장에서 만든 의류였다. 사진은 단둥과 평양 공장의 중국 한족 관리인이 촬영했다고 소식통은 전했다. 본 저서에 공개한 다른 사진과 달리 일본 제품은 사진 촬영자를 필자가 직접 확인하지 못했기에 제품 상표명을 익명 처리한다. 우선 단둥 공장은 장기간 일본 제품만 전담 생산해오고 있다. 북한 노동자 숫자가 1,200명으로 상당히 규모가 크다. 이 공장에서 촬영한 사진을 보면 남성 정장 상의와 패딩, 여성용으로 보이는 바지가 있다. 남성 정장 상의 안쪽에는 상표가 붙어 있는데 일본에서 꽤 유명한 브랜드이다. 이 회사는 도쿄의 번화가, 신주쿠에 대형 매장도 갖고 있다. 일본의 40대 이상 중·장년을 타깃으로 하는 신사·부인복을 주로 생산한다. 여성용으로 추정되는 바지에는 일본의 유명 골프용품 상표가 붙어 있다.

북한 제조 일본 정장 남성 상의
(2019년 10월 출고)

북한 제조 일본 골프용품 브랜드 바지
(2019년 10월 출고)

평양 공장에서 만든 제품에는 여러 종류가 있다. 우선 주식회사 ○○의류○○衣料의 상표가 붙어 있는 니트 옷이다. ○○의류는 여성 속옷을 중심으로 남성 속옷과 신사복, 스포츠 의류, 셔츠 등을 생산해온 회사로 생산품의 80%를 중국 협력 공장에서 직수입했다고 소개됐다. 이 중국 협력 공장이 바로 단둥의 북한 노동자 공장을 의미하는 것으로 풀이된다. 단둥과 평양의 북한 노동자가 만든 이들 모든 일본 제품의 라벨에는 중국제로 표기됐다.

북한 제조 일본 OO의류의 옷에 부착된 라벨
(2019년 10월 출고)

북한 제조 일본 OO의류의 옷에 부착된 라벨
(2019년 10월 출고)

평양 공장으로 보낸 작업지시서 사진도 있다. 캐주얼 바지 그림과 함께 어떻게 만들어야 하는지 자세한 작업 내용이 담겨 있다. 작업지시서 제일 위에 '최종'이라고 표시된 점으로 미뤄보아 일본 업체 측에서 제조사에 보내는 최종 작업지시서임을 알 수 있다. 특이한 점은 제조국과 업체명을 기재하는 칸이 비어 있다는 점이다. 평양 공장에서의 생산 사실을 있는 그대로 표기할 수 없어서 빈칸으로 남겨둔 것으로 추정된다.

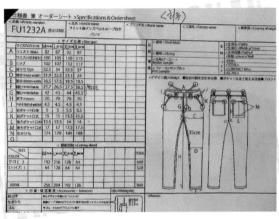
일본 기업이 평양 공장으로 보낸 작업지시서

🖥 북한 노동자가 만드는 일본 의류

랴오닝성의 대북 사업가는 형식적으로는 중국인이 대표지만 실제로는 일본인이 주인인 한 업체의 북한 작업 상황을 소개했다. 이 회사는 중국인 직원이 100명 정도 되는데 오로지 일본 제품만 전문적으로 다룬다. 일본인 사장이 일본 오더를 따오면 평양에서 봉제와 염색 작업을 해온다. 그러면 다롄의 공장에서는 다림질과 포장, 라벨 작업을 해 중국산 라벨을 붙여 일본으로 수출한다. 이들 제품은 주로 백화점에 납품하는 여성복이다. 의류제품 모델 하나당 1,000장에서 2,000장 정도, 한 달에 2만 장 정도 생산한다.

이 회사가 평양 작업을 한 지는 10년 정도 된다.

다롄의 C사는 주로 일본 제품을 주문받아 평양과 나선특별시에서 작업했다. 이 기업이 생산하는 유명 일본 브랜드에 대해 필자는 실제로 일본에서 유명한지 알아보기 위해 2017년 일본 지인에게 알아본 적이 있다. 일본 지인은 "일본에서 널리 알려진 브랜드가 맞다. 의류업계 관계자에게 물어보니 한 벌 사면 한 벌 더 주는 것으로 유명한 브랜드이다. 북한에서 만든다는 소문이 있다."고 말했다. C사는 2017년 당시 단둥에 북한 노동자 1,300명을 데리고 있었다. 사장은 조총련계였다.

또 다른 유명 일본 브랜드 의류 역시 북한 노동자가 생산했다. 조선족 사장이 훈춘에서 운영하는 회사로 공장 시설이 상당히 우수했고, 2017년 보유한 북한 노동자 숫자는 500명 정도였다. 일본 백화점으로 납품되는 유명 브랜드의 여성 정장만 생산했다. 일본의 유명 기업, K그룹 브랜드 의류였다. 당시 아래위 정장을 만드는 임가공비가 중국에서 15달러 정도였고 북한에서는 6달러 정도였으니 북한 생산은 반값도 안 됐다.

필자는 2013년에도 이 공장이 해당 브랜드 의류를 생산한다는 소식을 접했다. 당시는 북한 노동자가 250명이었다. 그런데 이들 노동자의 소속은 특이하게도 인력 관리회사가 아니라 북한군을 관리하는 인민무력부 직속이었다. 그래서 북한 노동자 담당 사장은 인민무력부의 직접 지시가 아니면 누구 말도 잘 듣지 않았다.

심지어는 북한영사관 지시도 무시하며 큰소리칠 때가 많았다. 인민무력부 소속 노동자는 중국 노동자와 섞이지 않고 별도의 공간에서 따로 독자적으로 일했다. 인민무력부에서 이를 고용 조건으로 내걸었는데 이는 일종의 특혜였다. 북한 노동자는 따로 생활하면서 김치도 담가 먹었다.

훈춘의 이 회사 사장 J는 생산량을 늘리기 위해 북한 인력 사장에게 다른 공장에서는 하지 않는 독특한 방식의 작업을 제안했다. 일반 공장은 1일 작업 수량을 정해 놓고 여기에 맞춰 일했다. 그런데 이 공장은 하루 목표량을 기본 월급으로 제시하고 이를 초과할 때마다 추가 비용을 주겠다고 제안했다. 북측 사장과 노동자 모두 환영했고 생산량은 급속도로 늘었다. 북한 노동자는 보통 자정까지 남아서 일했다. 물론 모두 자발적이었다.

그런데 이 과정에서 북한 노동자는 추가 노동의 대가를 제대로 받을 수 없었다. 다양한 서류 조작도 이뤄졌다. 서류상으로는 19시, 20시까지만 일한 것으로 했다. 초과하는 4~5시간 정도의 추가 수당은 북측 사장이 받아서 30%만 노동자에게 주고, 70%는 자신과 일부 간부가 나눠서 착복했다. 물론 순진한 북한 노동자는 이런 사실을 모르고 그저 열심히 일만 했다.

J는 훈춘시의 고위 간부 출신이다. 은퇴한 지 꽤 됐지만, 여전히 월급이 나오고 있었다. 중국 지방정부에서는 공직자가 은퇴하고도 월급을 받는 일이 종종 있다. 대학에서 일본어를 전공한 그

는 훈춘시 공무원 시절 일본으로 파견 가 일본 K그룹과 좋은 관계를 쌓았다. 이후 그는 K그룹의 훈춘지사 설립 당시 대표를 맡았다. 훈춘지사의 적자가 심각해지자 K그룹은 지사를 팔았는데 J는 이때 회사를 완전히 인수했다. J는 북한과의 네트워크도 좋아 북한 노동자도 북한과의 직접 계약을 통해 받았다. 2013년 당시 투먼과 훈춘에서 대부분 투먼시의 허가를 거쳐 북한 인력을 받는 것과 차원이 달랐다. 그래서 북한 인민무력부에서 관리하는 인력을 들여올 수 있었다.

🔲 일본 외 독일 기업도 북한 작업

투먼의 대북 사업가 A도 2014년 J와 계약을 맺고 8개월 정도 공동으로 일한 적이 있다. 당시 A는 북한 노동자 60명을 데리고 봉제공장을 운영하고 있었다. A는 일본이 얼마나 철저하고 꼼꼼하게 일하는지를 실감했다. A의 공장에는 일본인이 직접 와서 작업 기간 8개월 동안 머물며 일일이 기술지도와 검사를 했다. 원단도 일본 컴퓨터로 재단했다. 작업 비용도 아주 꼼꼼하게 계산했다. 노동자 월급과 전기요금, 식대, A가 가져갈 이익 등 제작에 들어가는 일체 비용을 모두 정리해 일괄적으로 지급했나. 합리적 비용이라고 판단하면 아무 군말 없이 줬다.

일본 K그룹의 훈춘지사에는 일본인 13명이 상주하며 제품 생산과 관련한 모든 과정을 철저히 관리 감독했다. 특히 공장 내부는 일본 특유의 깔끔함으로 먼지 하나 없이 관리했다. K그룹 훈춘 지사의 철저한 관리는 훗날 공장을 넘기는 그 순간까지 흐트러지지 않았다. 당시 현장을 목격한 소식통은 "공장 넘기는 순간까지 무슨 놈의 청소를 이리도 깨끗하게 하나?"라고 놀랐던 기억이 생생하다고 전했다.

일본 수출 제품은 단둥의 북한 노동자 공장에서도 만들어졌다. 일본 홈쇼핑에서 인기리에 판매되는 신사복이었다. 이 공장 역시 실질적 주인은 일본 국적이다. 재일동포 남편과 일본 국적을 취득한 중국인 부인, 이렇게 부부가 주인이다. 2017년 말 기준으로 단둥에서 북한 인력 1,200명을 고용해 4만㎡ 규모의 큰 공장을 운영했다. 작업량이 많을 때는 평양의 공장과 공동 작업을 했다. 모두 일본 브랜드 의류 작업이다. 북한 노동자 가운데 800명 정도는 신사 정장류를, 나머지 400명은 패딩류를 만들었다. 이 공장의 여성 사장은 벤츠500을 몰고 다니며 자신의 북·중·일 네트워크를 자랑하며 거들먹거려 단둥의 대북 사업가 사이에서는 특히 유명한 존재였다.

이밖에 산둥성의 C기업은 주로 미국 기업 주문을 받아 나선특별시와 청진시에서 제품을 생산했는데 주문 물량이 나선·청진 일대에서 가장 많았다. 독일 브랜드 전문 생산 공장도 있다. 2017년 옌볜조선족자치주 룽징龍井에는 독일 회사 공장에 독일인 여러 명이 상주했다. 중국·독일 합작 법인이다. 이 공장은 북한 노동자 500명이 일했다. 지린성의 소식통은 사업차 이 회사를 직접 방문해 공장 현장을 둘러본 뒤 계약을 맺었다. 이 회사 공장장은 중국 한족으로 북한 노동자 고용에는 조선족이 다리를 놓았다. 이 공장에서는 다양한 독일 브랜드 의류를 생산했다.

02장

상상을 초월하는 북한 봉제 노동자 규모

🖥 2년간 CJ 의류 제작으로만 5억 원을 번 북한

북한 봉제 노동자 규모는 얼마나 되고 이들이 봉제작업을 통해 벌어들이는 외화는 얼마나 될까? 우선 CJ오쇼핑의 주문에 따른 북한의 외화벌이부터 따져보자. 2018년 펠틱스-제너럴 아이디어와 키스해링 두 종류의 점퍼 4만 장 제조 과정에 북한으로 건너간 외화는 14만 달러로 추정된다. 단둥 D사와 평양 E사가 당초 체결한 계약에 따르면 점퍼 1장당 평양 E사에 지급하는 비용은 임가공비 1.5달러와 운반비 0.5달러를 포함해 2달러였다. 그런데 이는 비수기 작업 조건이었다. 이후 원부자재 조달 지연 등의 사유로 인해 작업이 성수기에 이뤄지게 됐고, 이로 인해 평양 E사가 요구하는 금액도 당연히 높아졌다. 그래서 "실제로 평양 E사에 지급한 금액은 점퍼 1장당 최소 3.5달러"라고 단둥 D사 내부 사정을 잘 아는 인사는 전했다. 총 4만 장이니 14만 달러(약 1억 6,000만 원)를 북측으로 건넨 것으로 추정된다.

2017년에는 래시가드와 롱패딩을 만들었는데 래시가드는 1장당 2.5달러, 롱패딩은 5달러 정도 북한으로 들어갔을 것으로 추정된다. 이를 적용하면 래시가드는 20만 달러(약 2억 3,000만 원), 롱패딩은 9만 달러(약 1억 원)가 된다. 즉 총 29만 달러(약 3억 4,000만 원)에 해당한다. 2017년과 2018년 CJ와 서울 A사의 계약에 따라 북한 노동자가 해당 의류를 만드는 과정에서 북한으로 들어간 돈은 총 43만 달러, 약 5억 원에 이르는 것으로 추정된다.

📑 과거 한국처럼 북한도 봉제업으로 외화벌이

나이키·아디다스·리복 브랜드 의류는 2부에서 언급했듯 2010년부터 2016년까지 6년여 기간 최소 1,500만 장 이상 제조해 최소 1,100만 달러 이상을 북측으로 건넨 것으로 추산된다.

CJ 의류와 나이키·아디다스 의류는 구체적인 물증을 통해 확인한 것이지만 이는 모든 북한 노동자가 생산해 수출한 전체 의류 제품에 비하면 '새 발의 피'에 불과하다. 이 책에서 사진과 문건 등으로 구체적 물증을 공개한 브랜드, 그리고 수년간 취재하면서 '북한에서 만들고 있다.'고 접했지만 구체적인 물증이 없어 공개하지 못하는 브랜드, 나아가 필자가 확인하지 못한 또 다른 제품들을 고려해본다면 '세계의 옷 공장, 북한'은 결코 과장이 아니다.

북한 봉제 노동자 규모가 얼마나 되는지 수치 추산은 쉽지 않지만 관련 사업에 오랫동안 몸담은 대북 사업가를 통해 예측 해봤다. 이들은 북한 내부에는 대부분 도시에 봉제공장이 있다고 말한다. 북한 자체가 하나의 거대한 봉제공장이라 할 수 있다. 이러한 북한의 모습은 1960~1970년대 전국 곳곳에서 여성 노동자가 좁은 공장 안에서 재봉틀을 돌리며 돈을 벌던 우리나라의 모습을 떠올리게 한다. 당시 우리나라는 주로 미국과 유럽에서 주문을 받아온 일본 기업의 하청으로 봉제작업을 했다. 일본 기업의 하청을 받아 한국에서 작업하던 것이 중국 기업 하청을 받아 북한에서 작업하는 것으로 변한 모습이다. 한국과 북한 봉제업이 발달한 배경에는 한민족 여성 특유의 뛰어난 손놀림이 있다는 분석도 있다.

지금은 사라진 대우그룹도 첫 출발은 작은 봉제회사였다. 김우중 전 대우그룹 회장은 1967년 서울 명동의 자그마한 사무실에 '대우실업'이라는 회사를 차렸다. 직원은 총 5명에 불과했다. 처음엔 원단을 수출하다가 부산에서 섬유공장을 잇달아 인수하며 의류 봉제품을 수출하면서 급속도로 성장했다. 봉제업 성공을 기반으로 다양한 인수합병을 거치면서 결국 재계 서열 2위에까지 올랐다. 대우그룹 성공 신화의 원천은 의류 봉제업이었던 것이다. SK그룹도 그 시작은 1953년 창립한 섬유업체 '선경직물'이었다. 결국 오늘날 북한은 과거 한국이 그랬던 것처럼 일반 시민 다수가 봉제업 분야에서 일하며 국가 경제에 기여한다고 할 수 있다.

🔘 최소 100만 명으로 추산되는 북한 내 봉제 노동자

북한에서 봉제 노동자가 가장 많은 곳은 역시 평양이다. 평양에는 시민의 1/10 가까운 20~25만 명이 봉제 분야에서 일하는 것으로 추정된다. 다음은 북한 유일의 경제특구인 나선특별시로 25만 명 인구의 30% 이상이 봉제 인력으로 추산된다. 그래서 7만 5,000명으로 계산할 수 있다. 나선특구 아래 있는 청진은 나선특구로 몰려드는 주문을 배분받아 일하는 공장이 많다. 청진시에는 80만 명 인구의 1/10인 8만 명가량이 봉제공장에서 일하는 것으로 추정된다. 청진항이 있는 청진시는 옛날 러시아의 전진기지로 활용돼 봉제공장 외에도 산업시설이 많으나 나선특별시에서만 외국인 무역 활동이 가능해 제약이 많다.

개성과 신의주 지역의 봉제 인력은 총 15만 명으로 추산된다. 개성에는 개성공단에서 오랫동안 봉제 기술을 익힌 숙련된 노동자, 이들로부터 기술 교육을 받은 주민 등 봉제 인력이 풍부하다. 신의주 역시 압록강 건너편 단둥과 교류를 하면서 봉제 인력이 꽤 많다. 이 밖에도 평양과 고속도로가 연결된 남포를 비롯해 어느 정도 주민 규모가 된다 싶은 지역이면 예외 없이 봉제공장이 가동되고 있다.

소규모 봉제 인력은 제외하고 규모가 큰 지역에서, 그것도 최소한으로 잡아서 다 더해보면 북한 내 봉제 인력은 평양 20만, 신의주와 개성 15만, 나선특별시와 청진시 15만 명으로 최소 총 50만 명으로 추산할 수 있다. 여러 전문가는 북한의 봉제 인력이 100만 명은 될 것이라는 추정치를 내놓고 있다. 중국의 한 전문가는 봉제 인력을 200만 명으로 추정하기도 한다. 이러한 추정치에는 북한 내수용 봉제품 제조 인력도 포함됐다. 이들 가운데 수출을 통해 외화를 벌어들이는 노동자는 최소 50만 명이 넘을 것으로 예상한다.

🧵 나선·청진의 봉제공장을 총괄하는 여장부

2019년 나선특별시와 청진시의 모든 봉제공장을 관리하는 총회사가 한 곳 있다. 나선의 유명 여성 사업가인 C가 이 총회사 대표로, 모든 외국 주문 물량을 총괄 지휘한다. C는 고故 장성택이 행정부장이었던 시절 장성택의 총애를 받는 실력자였다. 장성택이 체포된 이후 위기에 몰렸던 C는 이를 오히려 반전의 기회로 삼았다. 장성택이 숙청될 것이라는 소식이 나오기 시작하자 C는 곧바로 평양으로 올라가 보위부의 장성택 사건 조사 책임자를 찾았다. 그리고 그 자리에서 그동안 자신이 모았던 거액의 외화를 내놓으면서 자아비판을 했다. 사실상 보위부 책임자에게 "봐 달라."며 바치는 뇌물이었다.

감동한 보위부 책임자는 C에게 면죄부를 주면서 원하는 게 있으면 뭐든지 말하라고 했다. 그러자 C는 기다렸다는 듯이 "나선특별시에 봉제 회사가 우후죽순식으로 난립해 중국 사업가 배만 부르게 하고 있다. 중국인이 장난치면서 수익도 많이 챙겨가고 있다."면서 자신에게 기회를 준다면 봉제 회사를 통합 관리함으로써 북한 정부로 바치는 헌납금의 액수를 훨씬 더 높이고 일 처리도 투명하게 하겠다고 말했다.

중국이 가져가는 수익의 일부를 빼앗아 조국의 수익으로 돌리겠다고 하니 단번에 오케이 사인이 떨어졌다. 그래서 C는 나선특별시의 모든 봉제 회사를 관리하는 총회사의 대표 자리에 앉게 됐다. 그녀는 나선지구의 60~70개에 이르는 봉제공장을 관리했다. 여기에는 오랫동안 한국 유명 브랜드 의류를 전문적으로 만들어 온 공장도 포함돼 있다. 나선특별시 아래 위치한 청진시에도 봉제 인력과 공장이 많기에 이 지역 공장에 주는 물량도 C가 결정했다. 따라서 그녀의 파워는 나선특별시와 청진시 모두에서 막강하다.

최근 청진시는 이웃 나선특별시에 자극을 받아 어떻게 해서든 외국인 투자를 유치하기 위해 안간힘을 쓰고 있다. 북한에서 외국인에게 문을 열어준 경제특구는 나선특별시밖에 없기에 외국인이 청진시를 가려면 평양에서 비자를 받아야 한다. 이 비자를 1년짜리로 받을 수 있도록 청진시가 발 벗고 뛰고 있다는 소식이다. 이러한 청진시의 노력에 힘입어 1년짜리 비자를 받아 청진시에서 사업하는 중국 사업가가 갈수록 늘고 있다. 청진시에는 봉제 사업 외에도 수산물 사업가도 활발하게 뛰고 있다. 동해 수역이 오염돼 있지 않아 수산물의 품질이 우수하기 때문이다.

⊟ 미국이 북한산 의류 최다 수입

북한 봉제 노동자가 만든 제품은 어디로 갈까? 북한 봉제업에 장기간 종사해온 중국의 사업가에 따르면 전체 제조 물량의 절반 가량이 북미 지역, 즉 미국과 캐나다로 간다. 그리고 20% 정도가 유럽으로 가고 나머지 30%가 중국·한국·일본으로 들어간다. 북한에 가장 강경한 미국이 북한산 제품을 가장 많이 수입한다는 사실이 아이러니하다. 미국 정부가 자국 기업만 제대로 단속해도 북한 봉제업은 심하게 타격받을 것이라고 대북 사업가는 말한다.

북한 내 봉제 노동자 중에서도 나선특별시 노동자 인건비가 제일 비싸다. 나선특구에 진출한 중국 사업가가 경쟁적으로 일을 하면서 인건비를 올려줘서다. 나선특별시와 가까운 중국 지린성 훈춘에서 봉제공장을 운영하는 한 사업가는 "북한 노동자 가운데 나선지구 노동자가 데려오기 제일 힘들다. 1인당 700위안을 준다 해도 오지 않으려고 한다. 평양을 비롯해 웬만한 지역 노동자는

400위안을 준다고 하면 다들 나온다고 하는데…"라고 말했다. 중국에서 일하는 북한 노동자의 경우 중국 측은 북한 측 사장에게 1인당 월급으로 1,500위안을 계산해주면, 북측은 노동자 1인에게 주는 몫으로 보통 400위안을 준다. 나선특별시 노동자는 이 몫을 700위안으로 올려준다고 해도 중국으로 나오려 하지 않는다는 뜻이다. 나선특별시는 중국 사업가가 다수 진출해 사실상 중국 도시라고 할 정도로 중국화 돼 있다. 그만큼 편의시설도 발달해 있어 북한 노동자가 굳이 힘들게 중국 땅으로 나가서 일할 필요성을 못 느낀다.

🔲 중국 기업이 북미·유럽 기업 주문에 목매는 이유

북미·유럽 기업의 주문을 가장 많이 따내는 중국 기업은 주로 상하이와 장쑤江蘇성 등 중국 남부 지역에 포진해 있다. 주문 물량도 1년에 수백만 장 규모로 제일 크다. 그렇다 보니 이들 기업의 주문을 따내려는 경쟁이 치열하다. 제일 중요한 것은 인건비를 얼마나 싸게 해서 제품을 만들 수 있는지다. 상하이와 장쑤성 일대에서 따낸 주문은 결국 싼 인건비를 찾아 북한 접경 지역의 북한 노동자 공장으로 오기 마련이다. 중국 기입이 무리해서라도 북미·유럽 지역의 주문을 따내려 하는 이유 가운데에는 중국 정부의 '달러 흡수'를 위한 지원 정책이 있다.

중국 기업이 북미·유럽 기업의 주문을 따오면 계약 대금을 달러로 지급하므로 중국의 달러 보유가 늘어난다. 이를 노려 중국 정부가 세금 감면과 필요자금 저리 대출 등 다양한 혜택을 마련해 놓고 있다. 그러니 당장 자금이 부족하다 할지라도 기업으로서는 북미·유럽 지역의 거액 주문만 따내면 사업이 가능하게 돼 무리해서라도 계약을 따내려고 애쓰게 된다. 이런 식으로 미국의 한 의류 회사가 북한에서 바지만 만들어 납품받는 과정에서 1년에 3억 달러를 집행하는 것을 확인했다고 소식통은 말했다.

03장

수치로 본 북한 봉제 외화벌이

⬛ 평양 봉제 노동자 20만 명이 한 달간 벌어들이는 돈 1,400억 원

평양의 공장은 1개 라인에서 1인이 최소 월 600달러를 벌 수 있어야 가동한다. 1개 라인은 보통 22명에서 26명 사이에서 작업이 이뤄진다. 평양 노동자를 20만 명으로 잡으면 1억 2,000만 달러, 약 1,400억 원이 평양에서 벌어들이는 외화 수입이 된다. 이렇게 일한 평양 노동자 1인에게는 중국 돈 기준으로 월 60위안(약 1만 원) 정도가 북한 돈으로 지급되고, 쌀·채소·고기 등 생활필수품이 배급된다. 물론 평양으로 외화를 공급하는 기업은 북미, 유럽, 한·중·일 등 세계 각국 소속이다.

평양 내부에서도 돈벌이가 좋기에 숙련 노동자는 굳이 해외에

나가서 일하려는 생각이 없다. 북한 정부도 북한 내부에서의 작업이 외화벌이에 더 좋다고 여기기에 이를 최우선으로 한다. 최근의 봉제 분야 해외인력은 90% 이상이 초보자이다. 이들은 북한 내부 인력양성소에서 업무를 습득한 뒤 해외 근무를 나간다. 양성소에서는 월급이 없고 쌀 배급도 최소한으로 한다.

만일 해외로부터의 주문이 끊어진다면 평양은 심각한 타격을 입게 된다. 봉제 노동자 20~25만 명이 실업자가 되면 이들이 부양하는 가족까지 평양 시민 100만 명가량의 생계가 막막해진다. 이는 평양 인구 250만 명의 40%에 해당하는 것이어서 북한 당국도 긴장할 수밖에 없다. 실제로 유엔 안보리 대북제재가 채택되고 중국이 고강도 단속을 일정 기간 실시하자 북한 주민이 매우 힘들어했다는 소식이 전해졌다. 북한으로 봉제 주문이 뚝 떨어져서다.

🖻 평양·신의주·개성 35만 봉제 인력, 성수기 5개월간 1조 8,500억 원 벌어

북한 봉제 노동자가 생산하는 수출용 물량은 얼마나 될까? 평양과 신의주 쪽 사정을 잘 아는 대북 사업가는 이렇게 계산한다. 평양·신의주·개성공단 일대의 봉제 인력 35만 명은 40% 정도가 패딩류 제품을 만든다. 그리고 60%는 바지·티셔츠·점퍼·한복 등 다양한 종류의 의류를 만든다. 패딩류는 노동자 1인이 하루에 5장

정도 생산한다. 기타 의류는 종류별로 다양하지만, 하루 평균 최소 20장 정도 생산하는 것으로 계산할 수 있다. 즉 패딩류는 14만 명의 노동자가 하루에 70만 장을, 기타 의류는 21만 명의 노동자가 하루에 420만 장을 생산한다.

평양·신의주·개성 봉제 인력(추정)

생산 의류	봉제 노동자 수
패딩류	14만 명(40%)
기타류(바지·티셔츠·점퍼·한복 등)	21만 명(60%)
합계	35만 명

봉제 작업은 6월부터 10월까지가 성수기이다. 이 기간 북한 노동자는 한 달에 28일 일한다. 주문이 몰리면 하루도 쉬지 않고 일하기도 한다. 한 달 28일 기준으로 하면 패딩류는 1,960만 장을, 기타 의류는 1억 1,760만 장을 생산한다. 성수기 5개월을 계산하면 패딩은 9,800만 장을, 기타 의류는 5억 8,800만 장을 생산한다. 즉 평양·신의주·개성의 봉제 노동자 35만 명이 성수기 5개월간 만들어 내는 의류는 총 6억 8,600만 장으로 추정된다.

패딩류 생산을 통해 북한이 벌어들이는 외화는 가공비와 운반비 등을 포함해 장당 4~5달러로 추정된다. 이를 4달러로 계산하면 한 달이면 3억 9,200만 달러가 된다. 기타 의류에서 야상 점퍼는 3달러, 바지는 2달러 등 옷 종류마다 달라 계산하기 복잡하지만, 평균 2달러로만 잡아도 11억 7,600만 달러가 된다. 즉 성수기 5개월 동안 평양·신의주·개성 일대 북한 노동자가 벌어들이는 외화는 15억 6,800만 달러, 우리 돈 약 1조 8,500억 원에 이른다.

평양·신의주·개성의 '성수기 5개월' 봉제 생산량과 외화벌이(추정)

생산 의류	생산량	수입 외화
패딩류	9,800만 장	3억 9,200만 달러
기타류 (바지·티셔츠·점퍼·한복 등)	5억 8,800만 장	11억 7,600만 달러
합계	6억 8,600만 장	15억 6,800만 달러 (약 1조 8,500억 원)

그런데 위 계산에서 포함되지 않은 것이 있다. 규모가 큰 봉제 회사는 작업을 비수기에도 한다는 점, 그리고 나선특별시와 청진 시의 15만 명 노동자와 기타 남포와 원산 등 다른 지역에서도 상당히 많은 봉제공장이 운영되고 있다는 점이다. 이 두 가지 사항까지 고려한다면 북한 내 봉제 생산량과 외화벌이 규모는 현재 추정치보다 훨씬 더 증가하게 된다.

이 어마어마한 물량의 주문을 따내기 위해 상하이와 다롄 등 중국 주요 대도시에서는 내로라하는 북한 무역회사 일꾼이 사무실을 열고 상주하고 있다. 은하무역, 봉화무역, 대성무역, 릉라도무역 등 북한을 대표하는 무역회사가 다수 진출해 있다. 이들은 중국 기업인은 물론이고 한국 사업가와도 접촉하며 주문을 따내고 있다. 중국 현지에서 북한 사업가와 접촉하며 사업을 하는 한국인 사업가 또한 적지 않다.

💬 단둥의 북한 봉제 인력 5만 명, 연간 2,000억 원 벌어

북한 내부 노동자를 제외하고 중국 파견 노동자의 의류 생산량과 외화벌이도 추정할 수 있다. 단둥 일대에는 2019년 7월 기준 5만 명의 불법 취업 북한 노동자가 봉제업종에서 일하고 있는 것으로 추정된다. 이들의 월급은 시간이 지나면서 조금씩 오르고 있다. 북한 노동자 1인에게 총 지급되는 비용은 식대 포함 2,100위안까지 오른 곳이 많지만, 계산은 1,900위안으로 하겠다. 5만 명 전체의 월급은 9,500만 위안, 약 1,380만 달러에 해당한다. 1년이면 1억 6,561만 달러, 우리 돈으로 약 1,950억 원이다.

단둥 일대 북한 봉제 노동자 외화벌이(2019년 7월 기준. 추정)

노동자 수	노동자 1인 월급	노동자 전체 1년 수입 외화
5만 명	1,900위안	1억 6,561만 달러(약 1,950억 원)

옌볜조선족자치주 일대에는 봉제인력 1만 8,000명이 일하는 것으로 추정된다. 이들 역시 식대 포함 1,900위안 월급으로 계산하면 1년이면 4억 1,040만 위안을 벌어들인다. 이는 5,962만 달

러에 해당하는 것으로 우리 돈 약 703억 원의 외화벌이를 하고 있다.

옌볜조선족자치주 북한 봉제 노동자 외화벌이(2019년 7월 기준. 추정)

노동자 수	노동자 1인 월급	노동자 전체 1년 수입 외화
1만 8,000명	1,900위안	5,962만 달러(약 703억 원)

중국에는 봉제 분야 외 식당에서 일하는 북한 노동자도 꽤 많다. 유엔 안보리 대북제재 결의에 따라 한때 중국에서 자취를 감추는가 싶던 북한 식당 노동자가 다시 복귀해 일하고 있다. 그 숫자가 7,000명에서 1만 명 가까이 되는 것으로 추정된다. 이들의 월급은 봉제 노동자보다 월등히 높다. 베이징, 상하이와 같은 대도시에서는 4,500위안을 받고, 기타 중소도시에서는 3,000위안을 받는다. 대도시에서 2/3 정도, 나머지 1/3이 중소도시에서 일하는 것으로 추정된다. 이들 식당 노동자 수를 최소 기준인 7,000명으로 잡아 계산하면 대도시에서 4,700명 정도가, 중소도시에서 2,300명 정도가 일하고 있다.

대도시 식당 노동자가 1년간 벌어들이는 외화는 2억 5,380만 위안에 이른다. 이는 3,688만 달러, 약 435억 원에 해당한다. 또 중소도시 식당 노동자가 1년간 벌어들이는 외화는 8,280만 위안으로 1,203만 달러, 141억 8,000만 원에 이른다. 이들을 종합하면 중국의 북한 식당에서 북한 노동자가 벌어들이는 외화는 1년에 4,891만 달러, 약 577억 원에 이르는 것으로 추정된다.

중국 내 북한 식당 노동자 외화벌이(2019년 7월 기준. 추정)

노동자 수	노동자 1인 월급	노동자 전체 1년 수입 외화
최소 7,000명	3,000~4,500위안	4,891만 달러(약 577억 원)

정리하자면 북한과 중국에서 북한 봉제 노동자가 1년간 벌어들이는 외화 추정치는 17억 9,323만 달러, 우리 돈으로 2조 1,142억 원에 이른다. 이 수치는 북한 전역이 아니라 평양·신의주·개성 3개 지역과 북·중 접경 지역 등 생산 규모를 추정할 수 있는 범위 안에서 계산한 것이다.

여기에 중국 내 북한 식당 노동자가 벌어들이는 외화까지 더하면 1년에 18억 4,214만 달러, 2조 1,719억 원에 이르게 된다. 이것은 국제사회의 대북제재로 인해 북한 경제가 치명타를 입고 있다는 시기에 북한 노동자가 벌어들이는 수입의 일부이다.

💬 '적당히' 단속하고 '교묘히' 회피하고

어마어마한 북한산 제품이 중국으로 쏟아지고 있지만, 중국에서는 이를 '적절하게' 단속한다. 또 대북 사업가도 단속을 피하기 위한 다양한 방법을 이미 숙지하고 있다. 어떻게 해서든 북한산 제품이 중국을 거쳐 각국으로 수출될 수 있는 구조이다. 2017년 상반기 사례를 대표적으로 들 수 있다. 단둥에서 들어오는 물건 가운데 북한산이 많다는 사실이 알려져 한국 당국이 단둥발 수출품에 대해 대대적으로 조사를 벌이자 앞서 전한 것처럼 다른 지역에서 수출하는 방식 외에 또 다른 편법을 찾아냈다. '중국산'임을 강조하기 위해 한 단계 더 세탁 과정을 추가했다.

미국 A기업이 한국 B기업에 주문하면, 한국 B기업은 중국 C기업에 하청을 준다. 중국 C기업은 D기업을 페이퍼 컴퍼니로 만들어 여기에 한 차례 더 오더를 주는 것처럼 속이는 과정을 거친다. 그럼 중국 D기업은 북한 E기업에 생산을 의뢰한다. 북한에서 E기업이 만든 제품은 중국 D기업이 내수용으로 수입한다. 그리고 중국 D기업은 중국 C기업에게 판매한다. 그리고 C기업은 이 제품을 중국산으로 해서 미국 A기업으로 수출한다. 단속 이전에는 없던 페이퍼 컴퍼니, 중국 D기업을 만들어 북한산 추적을 더욱 어렵게 만드는 것이다. 이런 상황에서 정확히 적발한다는 것은 내부 관계자의 폭로가 없으면 사실상 불가능하다.

중국 당국은 2018년부터 2020년 5월 현재까지는 대북제재를 지킨다며 북한산 제품의 세관 통관을 막고 있다. 그 이전의 북한산 제품은 세관을 통과해 정식 수입됐다. 중국 내수용으로 수입하면 임가공비에 대해 증치세(우리의 부가가치세) 17%를 내야 한다.

수출품이 아니기에 면세 혜택을 못 받는다. 그런데 세금도 교묘하게 속여서 소액만 낸다. 북한 노동자에 대한 임가공비는 다양하다. 속옷처럼 간단한 제품은 최저 1위안(약 170원)까지 내려간다. 그리고 아웃도어류는 30위안에서 50위안 정도 한다. 아웃도어 의류를 만들어 들여오면서 임가공비를 3위안으로 허위 신고해 3위안에 대한 증치세 17%, 즉 0.5위안만 내고 수입한다. 일단 형식적으로는 세금을 다 내고 수입한 물건이니 적법한 제품이 된다. 물론 이런 편법을 세관 직원이 모를 리 없다. 뇌물을 받고 눈감아 준다.

🖥 베트남보다 북한 생산을 더 선호하는 이유

만들기 까다로워 임가공비가 많이 들어가는 아웃도어 의류를 예로 들어보자. 2017년 상반기 기준으로 아웃도어 점퍼를 만드는데 단둥에서는 13~14달러, 베트남에서는 11달러 정도의 임가공비를 지급했다. 단둥의 북한 노동자가 생산하는 것보다 베트남에서 생산하는 것이 약간 더 싸다. 그런데 나선특별시나 평양에서 생산하면 6달러면 된다. 임가공비만 놓고 보면 북한 내 생산과 비교가 안 된다.

베트남은 제3국으로 수출하기 위해 자국에서 임가공을 하면 다양한 세금 면제 혜택을 주고 있다. 중국에선 이런 혜택이 없다. 중국산으로 둔갑한 북한산 아웃도어 제품이 우리나라 세관을 통과할 때는 베트남에서 제조할 때와 달리 세금을 내야 한다. 관세율은 기본적으로 남성 의류는 13%이고 여성 의류는 9%이다. 하지만 원산지 증명 등록을 하게 되면 관세율은 여성 아웃도어가 6.5%, 남성 아웃도어는 9.5%가 된다. 보통 이러한 세금 혜택을 받고자 중국에서 원산지증명 등록을 한다. 즉 북한에서 생산한다면 '(임가공비+운임)×관세율'로 계산되는 관세를 지급해야 한다. 그런데 이렇게 관세를 낸다고 하더라도 북한에서 만들어 중국산으로 수입하는 것이 '세금 면제 베트남'보다 더 이득이다. 이런 현실이니 결국 기업은 북한 내 생산을 희망한다.

🔊 "유엔 대북제재 회복 불능 상태, 목표는 환상에 불과"

이런 가운데 필자가 수년간 파악한 현실과 일치하는 판단이 2019년 10월 미국 전문가에게서 나왔다. 미국의 유명 북한 전문매체 '38노스'에서 비상임 연구원으로 활동하는 스테파니 클라인 알브란트이다. 그녀는 2014년부터 2019년까지 유엔 안보리 대북제재위원회의 북한 전문가 패널에서 일했다. 알브란트는 2019년 10월 7일 '북한에 대한 최대 압박, 파열되다'라는 제목의 글을 '38노스'에 실었다. 이 글에서 그녀는 "유엔의 대북제재가 회복 불능 상태일 만큼 손상됐으며 대북제재 목표는 환상에 불과하다."고 신랄하게 비판했다.

알브란트는 제재를 감시·보고하고 이행·개선 조치를 권고하는 안보리 전문가 패널의 능력이 회복 불가능할 정도로 약화했다고 언급했다. 그리고 이는 트럼프 행정부의 최대 대북 압박정책이 실패한 데 따른 결과라고 꼬집었다. 그녀는 유엔 대북제재의 효용이 떨어지고 있다는 사실을 미국의 정책 결정자들이 이해하지 못하는 가운데 대북제재는 그 자체가 목적이 돼 버렸다고 주장했다. 또 이는 북한을 응징하고 무언가 이뤄지고 있음을 보여주기 위해서이지만 이런 목표조차 환상에 불과하다고 맹비난했다.

그러면서 구체적으로 미국을 포함한 국제사회가 지난 3년간 북한에 최대 압박을 펼쳤지만, 2019년 북한의 환율, 연료, 쌀 가격 등을 살펴보면 대북제재 영향이 거의 없어 미국이 주도한 최대 압박정책은 실패에 가깝다고 언급했다. 이에 따라 앞으로 북한은 더욱 강한 위치를 점하게 될 것이고 미국을 중심으로 한 대북제재는 갈수록 힘을 잃을 것으로 전망했다.

알브란트의 이러한 진단은 필자가 취재한 다음 내용을 떠올리게 한다. 2017년 국제사회의 대북제재가 한창 피치를 올릴 때 북한 인력 송출 회사 관계자는 중국인 사업 파트너에게 이런 말을 했다. "유엔 제재? 그건 말로나 하는 거지. 보라우. 지금 전 세계가 우리한테 제발 만들어 달라고 빌면서 요청하는 물선이 얼마나 많은지. 이 세계가 우리 없이 살 수 있겠나?"

중국 내 북한 노동자
에피소드

2012년 4월 29일 중국 정부가 최초로 수입한 북한 노동자가 투먼의 북한공업단지에 도착해 일하기 시작한 뒤로 2020년 5월 현재까지 8년을 넘어섰다. 유엔 안보리 대북제재 결의에 따라 북한으로 귀국해야 할 북한 노동자는 2020년 5월 현재까지 북한과 인접한 중국 땅 여러 곳에서 여전히 일하고 있다. 과거 중국 파견 북한 노동자는 법적 기준으로 크게 두 종류로 나눌 수 있었다. 투먼과 훈춘 등 지린성 옌볜조선족자치주 일대의 공식적이고 합법적 노동자, 그리고 랴오닝성 단둥 일대의 불법 노동자이다. 하지만 유엔 안보리 대북제재 결의에 따라 2019년 12월 22일 이후로 더는 이러한 구분의 의미가 없어졌다. 유엔 회원국의 북한 노동자 고용 자체가 불법이 됐기 때문이다.

필자는 중국의 북한 노동자 공장을 여러 차례 방문해 여성 노동자의 모습을 관찰했다. 그때마다 만감이 교차했다. 이들 얼굴에서는 순진함과 성실함이 묻어나온다. 우리네 예전 여성 모습 그대로이다. 가족을 떠나 이국땅의 통제된 공간에서 일주일에 6일을 아침부터 밤늦게까지 강행군하며 일한다. 점심시간이나 휴일을 맞아 쉴 때면 이들은 여느 여성과 똑같이 해맑게 웃고 논다. 곰 인형을 좋아하고 예쁘게 치장하길 좋아한다. 이들의 소망은 대부분 소박하다. 중국에서 열심히 일해 돈을 많이 벌어 귀국하는 것, 그래서 가족과 함께 조금이라도 경제적으로 여유 있게 사는 것이다.

여성 노동자는 이처럼 소박한 꿈을 꾸지만, 이들을 관리하는 간부는 차원이 다른 꿈을 꾼다. 3년간 열심히 돈을 모아 귀국해 최소 괜찮은 집 한 채를 장만한다는 계획이다. 그래서 많은 간부는 순진한 여성 노동자를 속이고 그들이 노동의 대가로 벌어들인 돈을 가로챈다. 일부 악덕 간부는 여성 노동자를 성적으로도 활용한다. 북한 봉제 분야에 수년간 몸담아온 여러 대북 사업가의 말을 통해 중국 파견 북한 노동자의 삶을 들여다본다.

01장

북한 인력담당 간부의 뒷돈 챙기기

🔒 파견 노동자 인건비와 식대 빼돌리기

북한 노동자 담당 사장으로 중국에 파견을 나오면 이들에게 보이는 모든 것은 다 돈이 된다. 노동자 수백 명을 거느리고 운영하므로 1인당 조금씩만 빼내도 뒷돈을 두둑하게 챙길 수 있다. 그 방법도 다양하다. 해외에서 힘들게 일하다 보니 몸이 아파서 결근하는 노동자가 종종 생겨난다. 북한 인력담당 사장은 이를 결근 처리하지 않고 모두 일한 것으로 처리한다. 결근에 따른 업무는 나머지 근무자에게 배분해 서류상에는 결근 없이 정상 근무한 것처럼 꾸민다. 한 달에 4명만 안 나와도 통상 8,000위안(약 140만 원)에서 1만 위안(약 170만 원)을 챙길 수 있다.

밥값도 빼돌린다. 북한 노동자 1인당 식대로 지급되는 돈은 월 300위안(약 5만 원)이다. 하루 10위안으로 계산한 것이다. 북한 노동자 430명을 고용했던 한 기업의 사례를 보자. 노동자 1인당 10위안씩의 하루 식비는 현물로 지급한다. 식사는 쌀밥, 국, 3가지 기본 반찬으로 구성된다. 1인당 배급되는 쌀은 350g이다.

쌀값이 차지하는 비용은 식비의 50% 정도, 즉 1인 하루 5위안 정도가 된다. 50%에 해당하는 쌀값은 북한 노동자가 중국에 진출한 평균 3개월 동안은 거의 맞는다. 이 기간에 북한 노동자는 밥을 남기지 않고 다 먹기 때문이다. 하지만 3개월 이후부터는 식사량이 줄기 시작해 초기의 절반 수준으로까지 줄어든다. 중국 생활에 적응하면서 식사량이 줄어드는 것이다. 이로 인해 중국 회사가 지급한 쌀이 절반 정도 남게 된다. 북한 인력담당 사장은 이 쌀을 비축해뒀다가 상인에게 되판다.

북한 노동자 1명이 하루에 5위안어치의 쌀을 남기면 한 달이면 152.5위안이고, 430명이면 6만 5,575위안이 된다. 이것을 매달 중국 상인에게 최소 70% 가격으로 되팔면 한 달에 4만 5,902위안이 현금으로 돌아온다. 북한 인력회사 사장은 중국 측 회사 사장과 서로 협력적 관계라는 판단이 서면 이렇게 협상해 쌀을 되판다. 쌀값은 보통 적게는 70%에서 많게는 80% 선에서 형성된다. 이렇게 챙긴 뒷돈은 대부분 북측 사장이 독식하고 북한 노동자 관리인 서너 명에게 약간 지급한다. 이들은 통상 3년 중국 근무를 하고 귀국하는데 3년이면 쌀값만으로 약 177만 위안(약 3억 원)을 챙길 수 있다.

이렇게 은밀하게 쌀을 팔다가 적발되기도 했다. 4.5톤 트럭에 몰래 쌀을 싣고 나가는 현장이 CCTV 화면에 포착된 것. 투먼시가 해당 영상을 북한 인력 관리회사 측에 증거로 제시했다. 북한 인력 관리회사 사장이 쌀 장사꾼에게 70% 가격으로 판매하는 순간이었다. 이 사실을 알게 된 중국 회사 측에서는 기가 막혀 왜 이런 짓을 하느냐며 대신 쌀을 사주기도 했다.

이처럼 개인 뒷주머니로 두둑하게 돈이 들어오니 해외 파견 북한 간부는 일단 당국에 충성한다. 부정한 수입 가운데 일부는 상부에 상납하는데 그러면 상부에서는 이 간부를 보호해준다. 하지만 만일 혼자 독식하다 발각되면 귀환 조치를 당하든지 탈북하든지 양자택일의 갈림길에 서게 된다. 북한 인력 관리회사 사장 A는 귀국 이후 혹독한 경험을 했다.

🕴 중국 파견 북 간부의 꿈 "귀국하면 고가 주택 구입"

중국 파견 북한 노동자를 관리하는 간부의 목표는 몇 년간 일을 마치고 귀국해 북한에서 고가 주택을 장만하는 것이다. A 사장 역시 마찬가지. 그는 중국 근무 기간인 3년 동안 5만 달러를 벌었고, 귀국해 평양에서 3만 5,000달러를 주고 주택을 샀다. 이 정도 금액이면 평양에서도 상당한 부유층이어야 가질 수 있는 주택이다. A는 이 주택을 자신의 어머니 명의로 샀다. 그런데 오래가지 않아 북한 당국의 조사를 받아 주택 압류는 물론 교도소에 갇히는 신세가 돼 버렸다. 북한 당국은 해외 근무자가 귀국하면 일정 기간 이들을 집중적으로 관찰하며 뒷조사를 하는데 여기에서 부정이 적발된 것이다.

북한 당국은 A를 가둬두고 석 달간 고문을 펼쳤다. 하지만 그는 어떻게 그 많은 돈을 벌 수 있었고 배후에 누가 있었는지 끝내 말하지 않았다. A가 누설했다면 A와 특별한 관계였던 중국인 사업가 B 역시 매우 곤란한 지경에 처할 수도 있었다. 통상 중국에 파견된 북한 간부는 중국인 사업 파트너와 아주 끈끈한 관계를 형성한다. 그렇게 하는 것이 서로 큰 도움이 돼서다. 서로서로 편의를 봐주는 과정에서 국가가 정한 법과 규정을 어기는 일이 종종 있다. 만일 A가 자신이 거액을 벌게 된 배경에 중국인 사업가 B의 조력이 결정적이었다고 증언했다면 북한 당국은 중국 당국의 조치를 촉구하면서 이로 인해 B의 사업은 매우 어려워졌을 수 있다. 북한 당국의 조사에서 A가 철저히 함구한 이유는 B에 대한 신의 때문이었다.

A가 북한 당국에 적발돼 조사받고 있다는 소식을 B는 간접적으로 듣고 있었다. 그러던 어느 날 B에게 북한 여성 한 명이 찾아왔다. 업무 때문에 북한과 중국의 공장을 자주 왕래하는 이 여성은 A가 주는 것이라며 B에게 옷 한 벌을 전달했다. B가 옷을 펼쳐보니 옷 안감에 A의 부인이 쓴 감사의 글이 적혀 있었다. "그동안

B가 베풀어준 은혜 절대 잊지 않겠다. 태양은 절대 기울지 않는다. 항상 비춘다. 언젠가는 남편의 은혜를 갚을 것이다." 이런 내용이었다. B는 다 읽은 뒤 옷을 모두 태워버렸다. 행여 이를 남겼다가 북측이 발견하게 되면 A의 부인은 물론 자신까지도 위험에 빠지기 때문이다.

🔒 "정부에 바칠 후원금 좀 내 달라" 애걸복걸

일부 북한 인력담당 사장은 돈을 뒤로 빼돌리면서도 중국 측 사업 파트너에게 후원금을 구걸하는 일이 잦았다. 대북 사업가 C는 2017년 초 평소 친하게 지내던 북한 간부로부터 청탁 전화를 여러 통 받았다. "설을 앞두고 후원금을 좀 내 달라."는 부탁이었다. 평양에서는 해외 파견 노동자를 상대로 정부 후원금을 요구하는 경우가 잦다. 이때 역시 평양에서 인력담당 사장에게 파견 노동자 1인당 150~200위안 정도의 후원금을 내라고 닦달했다. 후원금 징수는 가끔 있는 일이었지만 이때는 계획보다 돈이 잘 걷히지 않았다. 그러자 평양 당국은 사장들에게 수시로 압박을 가했고, 견디다 못한 이들이 중국인 사업 파트너에게 손을 벌렸다.

북한 당국에 내는 후원금에 대해 북한 노동자의 인식도 시간에 따라 바뀐다. 통상 중국에서 일한지 몇 개월까지는 아무 거리낌 없이 낸다. "조국을 위한 돈인데 뭐가 아깝나." 하면서 즐겁게 낸다. 하지만 일한 지 1년이 되면 "내긴 내는데 좀 많다." 이런 반응이다. 그러다가 2~3년 차가 되면 싹 달라진다. "외국 나와 정말 뼈빠지게 일하고 있는데 왜 우리 돈을 가져가나? 매일 14시간, 15시간씩 일하고 있는데 이렇게 빼앗아 가면 도대체 어쩌자는 건가?"라며 항의한다. 중국 생활에 익숙해지고 돈맛도 알게 되니 이때부터는 힘들게 일한 대가를 후원금으로 내는 것이 아까운 것이다.

🔒 북한 인력담당 간부의 유복한 중국 생활

중국 지린성 옌볜조선족자치주의 북한 노동자는 대부분 '조선 룡라도무역회사(이하 룡라도)' 소속이다. 룡라도는 북한 국영기업으로 북한 노동자 수출을 담당한다. 룡라도는 지난 2013년 폴란드에도 북한 노동자 45명을 파견했다. 이들은 폴란드의 크리스트 조선소에서 선박 10척을 건조하는 작업에 참여했다. 2014년 북한 노동자 전경수 씨가 조선소에서 용접 작업을 하다가 불에 타 숨지는 일이 발생해 당시 언론의 주목을 받았다. 룡라도는 미국 재무부가 2017년 11월 발표한 독자적 대북제재 명단에 포함되기도 했다. 룡라도에서 창출한 수익이 북한 핵·미사일 개발 등 북한 정권 유지 자금으로 사용됐다는 이유에서였다.

룡라도 관리자는 중국에서 대부분 넓은 아파트에서 생활하며 승용차도 받는 등 유복하게 지냈다. 이들은 월평균 두세 차례 평양을 다녀오는데, 왕복 여비와 상부에 바칠 갖가지 선물값을 고려하면 적지 않은 비용이 필요했다. 정상적 비용 처리로는 이를 감당할 수 없기에 릉라도 관리자의 착복이 만연했다. 이런 사정이다 보니 릉라도와 중국 회사 간 북한 인력 관련 계약서는 한 종류가 아닌 여러 종류다. 필요에 따라 각기 다른 계약서를 근거로 제시했다. 한번은 베이징에 있는 북한 합영투자위원회 측 인사 여러 명이 릉라도 관리자의 임금 착복 실태를 확인하려고 훈춘에 있는 릉라도 사무실을 급습했다. 하지만 거대한 금고문을 꼭꼭 잠가 둬 아무리 시도해도 열 수가 없자 그냥 돌아가야만 했다.

투먼과 훈춘의 북한 인력 고용 회사는 통상 3개월분의 북한 노동자 월급을 중국 은행에 예치해둔다. 300명을 고용한 회사라면 1인당 1,500위안 기준으로 3개월분이면 약 135만 위안(약 2억 3천만 원)이다. 통상 100만 위안이 넘는 돈을 항상 은행에 예치해뒀다고 보면 된다. 평양에서 급전이 필요할 경우 중국 은행에 예치해둔 목돈을 우선 송금한다. 예를 들어 130만 위안의 목돈이 은행에 있다면 이 돈을 전부 평양으로 송금하는 일이 가끔 발생했다.

02장

북한 여성 노동자의 애환

🏁 월말 월급날이면 전쟁터

북한 노동자를 관리하는 사장의 은행 통장은 북·중 합자회사 명의의 통장이다. 원래 북한 노동자는 중국에서 통장 개설이 안 된다. 하지만 많은 북한 노동자는 친한 중국인 명의로 통장을 만들어 사용한다. 보통 북한 인력담당 매니저나 반장급은 중국인 명의의 개인 통장을 2~3개씩 소지했다. 여러 통장으로 자신만의 자금을 관리했다. 통장 잔고는 보통 3,000달러 미만이다. 주 용도는 북한으로 국제전화를 걸거나 백화점에서 물건을 사는 데 사용했다. 중국에서 북한으로 거는 국제전화요금이 상당히 비싼데 급할 때는 비싼 요금을 무릅쓰고 전화를 걸었다. 북한은 전화교환원이 수동으로 전화를 연결해준다. 물론 모두 도청된다.

북한 노동자는 월급이 나오면 중국인 명의로 만든 개별 노동자 통장에 얼마를 남기고 고향으로 얼마를 부칠 것인지를 매월 결정한다. 대부분 고향으로 송금하지만 때로는 자기 몫의 월급을 전액 자신의 통장에 남겨주길 원하는 여성도 있다. 그런 경우는 반드시 사유서를 써야 한다. 이처럼 본인의 생활비로 다 남기는 것은 금붙이 장신구 등을 사기 때문이다. 북한에서는 금 장신구 디자인이 엉망이어서 이들은 중국에서 금으로 된 반지나 목걸이, 팔찌 등을 보면 매우 좋아해서 혹하여 사곤 한다.

월급은 매월 말 나눠주는데 이때가 되면 그야말로 전쟁이다. 자정까지 난리가 난다. "계산이 틀리다, 잔업을 더 했는데 왜 이거밖에 안 되나, 왜 이 사람보다 내가 더 적게 받나." 등등의 항의가 쏟아진다. 직급별로 월급이 다 다르니 발생하는 현상이다. 한 노동자는 월급에서 2일 치가 빠졌다며 이틀간 일을 하지 않기도 했다.

🕴 북한 여성 노동자의 강한 소비 욕구

북한 여성의 퇴근 후 생활은 어떤 모습일까. 북한 여성 노동자를 수백 명 고용한 한 사업가는 그들의 소소한 일상에 대해 이렇게 말했다. "이들은 일을 마치고 기숙사로 돌아가면 새로운 일을 시작한다. 피부 마사지부터 손톱과 머리 손질, 귀 뚫기까지 북한에서 배운 기술을 이용해 동료를 상대로 추가로 돈을 번다."

이들은 공산권 배급제 생활에 익숙해 돈에 대한 개념이 부족한 편이다. 이는 북한 노동자의 월급 사용에서도 확인된다. 대부분 처음 월급을 받으면 며칠 내 다 써 버리곤 한다. 그래서 일부 회사는 월급의 절반 정도를 강제로 저축하게 한다. 귀국 시 목돈을 쥐어주기 위해서다. 하지만 일부 노동자는 돈을 빌려서라도 자신이 원하는 것을 살 만큼 소비 욕구가 강하다. 이런 식으로 쇼핑중독에 빠지면 중국 근무 만기 3년을 채우고 귀국 시점이 돼서야 고향으로 가져갈 돈이 없다는 걸 실감하고 절망하기 마련이다.

북한 노동자를 장기간 고용한 중국 회사 사장은 이렇게 말했다. "매주 일요일 아침마다 북한 여성 노동자 모두 시내 백화점에 데려다주고 오후 2~3시까지 쇼핑시간을 준다. 나중에 기숙사로 돌아올 때면 백화점에서 산 물건을 양손에 한가득 들고 있다. 가장 인기 있는 물건은 인형이다. 이들 월급 기준으로 보면 굉장히 비싼 인형인데 몇 개씩 사 들고 오곤 한다. 몇 달 치 월급을 모아 금팔찌나 목걸이를 사기도 하고 평소 주전부리할 과자나 사탕, 회식용 돼지고기나 오리고기를 사는 이들도 있다."

🕵 '한국산' 사용금지령

2014년 11월 유엔 인권위원회는 북한 인권 상황을 국제형사재판소ICC에 회부하고 정권 책임자 처벌까지 권고하는 내용의 결의안을 채택했다. 결의안 채택 직후 북한 정부는 북한 인력이 일하는 중국 공장에 일제히 지령이 담긴 팩스를 보냈다. 유엔 인권위 결정을 조목조목 비판하며 부당성을 주장하는 내용이었다. 팩스 송신 이후 북한 노동자 모두 곧바로 소집됐고 집단 정신교육이 실시됐다.

또 기숙사 방의 한쪽 면을 완전히 비우고 김씨 왕조의 절대권력 3인, 즉 김일성·김정일·김정은의 초상화를 걸어두라고 지시했다. 북한 당국은 2014년 11월 중국에 있는 북한 인력 공장에 이러한 지시를 일제히 내렸다. 초상화는 김일성 주석, 김정일 국방위원장 사진이 각각 한 장, 김정일-김정은 위원장 부자가 함께 있는 사진 한 장 등 모두 석 장이었다.

북한 인력의 기숙사 방은 보통 6인실 또는 8인실로 꾸며져 있고 창문을 제외한 나머지 벽면에는 침대 또는 가재도구가 놓여 있다. 2014년 11월 북한 당국의 지시로 기숙사에서 방 재배치 작업이 대대적으로 진행됐다. 특히 8인실은 한쪽 면을 비우고 초상화를 배치하기 위해 6인실로 줄였다. 이로 인해 기숙사 방을 더 확충해야 했다. 공장 사무실도 예외가 아니었다. 기숙사 방의 초상화보다 가로, 세로가 각각 3㎝ 정도 큰 규격으로 세 종류의 초상화를 사무실 벽에 비치하도록 지시했다. 해외에서 일하며 자칫 흐트러지기 쉬운 노동자 정신 상태를 다잡아 절대 권력에 대한 충성을 강화하려는 조치였다.

북한 당국의 사상 단속은 한국산 사용금지령으로 이어졌다. 북한 노동자는 생활용품으로 한국산 제품을 가장 선호했다. 이들이 사용하는 각종 세제·샴푸·비누는 대개 한국산이다. 특히 섬유유연제 '샤프란'이 가장 인기가 많았다. 여성이어서 냄새에 민감하다 보니 향이 좋은 제품을 선호했다. 샤프란은 이들에게는 꽤 비싼 제품임에도 너나 할 것 없이 사용했다. 간식으로는 역시 초코파이가 인기였다. 이들은 먹는 것이 부실하고 노동 강도가 높다 보니 위장병과 감기에 자주 걸렸다. 그래서 약도 가능하면 한국산 약을 구하려고 애썼다.

북한 당국은 노동자가 한국산을 즐겨 찾는 것을 알고 한국산 제품 사용금지령을 내렸다. 북·중 국경을 통과할 때도 짐을 검색해 일일이 라벨을 확인하며 한국산인지를 따졌다. 여성 노동자는 살이 비치는 망사 옷이나 다리에 달라붙는 바지도 입지 말 것을 지시했다. 하지만 북한 당국의 지시에도 이들은 몰래몰래 한국 제품을 애용했다. 한국산이 중국산보다 훨씬 좋고 취향에도 맞았다.

🕴 완제품에 몰래 반미·반일 감정 표시하기도

북한 노동자의 순진한(?) 행동으로 황당한 일도 발생했다. 한번은 투먼의 북한공업단지 내 회사가 미국 회사로부터 "고객 항의가 있었다."며 연락을 받았다. 고객이 의류 제품을 받아서 뜯어보

268

269

니 옷 사이에 fuck you라는 영어와 더불어 손가락 욕 표시가 그려진 메모가 나왔다. 영어도 제대로 못하는 노동자인데 어떻게 알았는지, 영어사전을 뒤져서 영어 욕을 써넣은 것이다. 제품엔 아무 문제가 없었다. 반미 정신이 투철한 북한 노동자가 완제품을 포장할 때 몰래 넣은 것으로 추정된다. "우리가 비록 돈을 벌기 위해 너희들 옷을 만들고 있지만, 우리의 진짜 속마음은 이렇다."라고 시위하는 셈이다. 반일 정서도 반영된다. 일본으로 가는 생선에는 일본인에 대한 욕을 하면서 몰래 침을 뱉기도 하고 어떤 노동자는 오줌을 묻히기도 했다.

지린성 훈춘에는 수산물을 가공해 한국·일본·미국으로 수출하는 업체가 많다. 북한 노동자 수백 명을 고용한 한 업체에서는 껍질 깐 오징어와 동태를 수출했다. 이 공장의 북한 노동자 관리 간부는 친한 중국인 사업가에게 종종 뇌물 조로 오징어를 한 상자씩 보내곤 했다. 20kg들이 한 상자로 제법 큰 것인데 수출하는 물량 가운데 빼돌려서 선물로 보냈다. 회사에서 아무리 단속을 해도 결국은 다 빼돌리는데 그 방법도 흥미롭다. 공장 안에서 좋은 생선을 골라뒀다가 마치 버려야 할 것처럼 큰 쓰레기봉투에 둘둘 말아둔다. 그리고는 적당한 때 버리는 척 밖으로 던진다. 그러면 밖에서 기다리고 있던 다른 노동자가 이를 챙겨서 가져가는 식이다.

옌볜조선족자치주에서 일하는 북한 노동자 중 일부는 중도에 귀국하기도 했다. 질병이나 연애 문제 등이 발생해서다. 폐결핵 등 중대 질병에 걸려 불가피하게 평양으로 돌아가는 경우도 종종 있었다. 질병으로 부득불 귀국해야 하는데도 노동자가 가기 싫다고 버티는 바람에 노동부원이 며칠에 걸쳐 설득해 겨우 귀국시키는 경우도 있었다.

투먼 북한공업단지의 공장에 취업한 북한 노동자는 통상 3년 근무 조건으로 나온다. 3년이 다 돼 귀국해야 할 시점이 되면 크게 두 가지 반응이 나온다. 70% 정도는 대체로 기한대로 귀국하는데 나머지 30% 정도는 늘 안 가겠다고 버틴다. 울고불고 난리를 칠 때도 많다. 이들이 귀국하지 않겠다고 버티는 가장 큰 이유는 제대로 돈을 모으지 못했기 때문이다. 일하는 동안 저축 개념 없이 자기가 좋아하는 인형 등을 마구 사면서 돈을 다 써 버렸고, 결국 고국으로 돌아가야 할 시점에 이르렀을 때 자신을 기다리고 있는 가족에게 뭐라고 해야 하나 덜컥 겁이 난다.

투먼 공장에서는 이렇게 버티면 보통 북한 인력 담당자의 허락을 받고 더 일하게 해준다. 어차피 일도 숙련돼 있으니 공장으로서도 새 인력을 받는 것보다 좋다. 한번은 중국의 북한 식당에서 북한 여성이 단체로 사라지는 일이 발생했다. 그래서 북한 당국이 3년 임기를 채운 노동자는 전원 귀국하라고 지시가 떨어졌던 적이 있는데 이런 상황에서도 일부 노동자는 끝까지 귀국을 거부하며 버텼고 결국 남는 데 성공했다.

🕴 북한 봉제 노동자, 노래주점 도우미로 활용

봉제공장에서 일하는 북한 여성 노동자를 노래주점에서 도우미로 활용하는 일도 있었다. 단둥의 한 공장이 대담하게도 이런 일을 벌였다. 이 공장 사장은 50대 조선족 여성으로 남편이 한국인이었다. 이 공장은 공장과 별개로 고객 접대용 술집도 직접 운영하고 있었다. 중국 대부분 기업은 고객을 접대하기 위해 KTV라고 부르는 중국식 단란주점을 이용한다. 여성 도우미가 함께 술 마시고 노래를 부르는데 그 비용이 만만치 않다. 그래서 비용 절감을 위해 KTV를 직접 운영한 것이다. 건물 1층엔 식당을, 2층에 KTV를 운영했다.

그런데 공장 사장은 2018년 여름 자신이 고용한 20대와 30대 북한 봉제 노동자 가운데 예쁘장한 여성을 골라 KTV 도우미로 활용하기 시작했다. 물론 이는 극비리에 진행했다. 이런 사실이 알려졌다간 당장에 난리 날 일이었다.

중국의 소식통은 2018년 여름, 이 술집에 다녀온 경험을 알려줬다. 몰래 촬영한 동영상도 보여줬다. 고객 1명과 가서 평양 출신 20대 여성 2명을 도우미로 앉혀 놓고 음주와 가무를 즐겼다. 동영상 속 북한 여성은 술 마시며 노래도 부르고 손님과 블루스도 췄다. 소식통은 이날 술값으로 1,800위안(약 30만 원)을 썼다며 이 가운데 도우미 봉사료로 200위안(약 3만 5,000원)씩 줬다고 말했다.

이렇게 KTV에서 도우미로 일하는 북한 여성 노동자는 모두 6명이었고, 비밀 예약을 받으며 운영했다. 하지만 이 주점은 이후 오래가지 않았다. 생각보다 돈벌이가 시원찮았기 때문이다. 중국에 일하러 온 북한 봉제 여성 노동자를 노래주점 도우미로 활용하는 사태의 중심에 한국인이 있다는 사실이 씁쓸하다. 그에게는 '같은 민족'이라는 것보다는 '돈벌이'가 훨씬 더 중요했다.

03장

북한 노동자의 로맨스와 단체행동

북한에서는 외화벌이를 위해 여성 노동자를 중국으로 보낼 때 한 가지를 특히 강조한다. 남자관계를 조심하라는 것이다. 해외에서 이성 문제가 생기면 귀국 조치는 물론, 북·중 관련 회사가 모두 곤란해지기 때문이다. 하지만 남녀관계를 강제로 막는다는 것은 불가능한 일이다.

♟ 중국 연하남과 사랑에 빠진 북한 유부녀

사건이 벌어진 건 2014년 여름이었다. 투먼 북한공업단지 내 한 봉제공장에서 일하던 북한 여성 노동자 S가 임신을 했다. S는 2013년 12월 투먼으로 온 평양 출신의 41세 유부녀로, 평양에 남편과 아이 한 명이 있었다. S는 임신 사실이 드러났음에도 상대가 누구인지 입을 열지 않았다. 결국 중국 회사 측은 S에게 작업을 중단시키고 기숙사에 머물게 한 후 은밀히 감시하기 시작했다.

그러던 어느 날 중국인 남성 노동자 B가 기숙사 건물 옥상으로 올라간 데 이어 S가 따라 올라가는 모습이 목격됐다. 공장 관계자가 중국 공안과 함께 이들을 미행해 보니 B가 S에게 꽃다발과 금반지를 건네고 있었다. S의 생일을 맞아 B가 선물을 주려고 기숙사를 찾은 것. 금반지는 북한 여성 대부분이 가장 좋아하는 선물이다. 현장을 확인한 중국 공안은 "남녀가 서로 좋아해서 벌어진 일인데 우리가 무슨 죄목으로 잡아가겠느냐."며 그냥 돌아갔다. 공장 측은 S를 투먼 병원으로 데려가 임신중절수술을 받게 하고 북측 파견 회사와 상의해 다른 지역 공장으로 전출 조치했다. 소문이 퍼진 투먼을 벗어나 다른 지역에서 일을 계속할 수 있도록 배려해준 것이다. 북측도 이 정도는 큰 문제가 아니라 판단하고 눈감아준 셈이다.

이들의 관계를 보면 흥미로운 점이 한둘이 아니다. B의 정체는 S와 같은 공장에서 일하는 사람이 아니라, 인근 다른 공장에서 일하는 아홉 살 연하의 한족 남성. 더욱 놀라운 점은 B가 한국어를 전혀 못 하고 S 또한 중국어를 몰라 두 사람이 대화할 수 없었다는 사실이다. 서로 다른 공장에서 일하고 말도 통하지 않는 남녀가 연애를 지속했다는 얘기다. 그래서 이를 두고 투먼 북한공업단지에서는 "역시 남녀의 사랑은 언어의 장벽도, 공간의 한계도 뛰어

넘는 것"이라며 감탄하는 이들이 많았다.

🕴 공장주와 북한 여성 노동자의 열애

지린성의 공장에서 북한 노동자를 고용하고 있는 P도 북한 여성 노동자와의 연애담을 전해줬다. 그는 "일부 북한 여성은 성에 매우 개방적"이라며 "대놓고 접근할 때도 있어서 그러면 내가 오히려 도망갈 정도"라고 말했다. P는 자신의 공장에서 일하는 한 북한 여성을 마음에 두고 있었는데 이 여성도 그에게 호감을 느껴 두 사람은 연인관계가 됐다. 그들은 연인관계를 철저히 비밀에 부쳤고 주로 근무 시간, 공장 안 비밀 공간에서 밀회했다. 북한 노동자는 퇴근 후 기숙사에 들어가면 철저히 관리되어 만남이 어렵다. 이후 두 사람은 육체관계를 넘어 진심으로 사랑하는 사이가 됐다.

하지만 이들의 관계는 그리 오래가지 못했다. 북한 여성은 3년 계약 기간이 만료돼 귀국해야 했고, 중국을 떠나기 바로 전날 마지막 만남에서 헤어지기 싫다며 P의 품에 안겨 울었지만 어쩔 수 없었다. 중국에 남는다는 것은 곧 목숨을 건 탈북을 의미했기 때문이다.

P는 수년간 북한 노동자 공장을 운영하면서 여러 북한 여성 노동자와 사랑을 나눴다. 공장 내 사무실, 창고, 차량 등 장소도 가리지 않았다. 적발된다면 당장 공장 문을 닫을 수도 있는 매우

위험한 행동이었지만 바로 그런 스릴 때문에 더 깊이 관계에 빠지게 됐다고 P는 털어놨다. 북한 여성 노동자와의 개인적 만남이 잦다 보니 북측 여성 관리인이 본능적으로 눈치챘다. 그녀는 P에게 "사장 동지 큰일 난다. 들통나면 우리 모두 다 쫓겨난다."며 강력하게 항의하고 감시했다. 하지만 P의 의지를 꺾을 순 없었다.

P는 여성 관리인의 입을 막기 위해 100달러짜리 이브 생로랑 향수 등 각종 고가의 선물 공세를 했다. 그럼 그녀는 못 이기는 척하고는 선물을 받아 챙겼다. 그러고는 P의 결재가 필요한 중요한 사안이 있으면 P의 애인 노동자를 보냈다. 여성 관리인은 P의 애인을 전략적으로 활용했다. 한번은 P가 자신의 부탁을 잘 들어주지 않자 여성 관리인은 P의 애인을 불러 보란 듯이 괴롭혔다. 너무 일을 안 한다고 혼내며 마구 일을 시킨 것. 그러자 P는 여성 관리인을 불러 제발 그러지 말라고 부탁하기도 했다. 주변 시선이 많아지자 P는 애인과 복도에서 우연히 단둘이 만나기라도 하면 손만 꽉 잡고 헤어지기도 했다. 그녀는 일을 잘하는 편이 아니었는데도 돈을 잘 버니 다들 이상하게 생각했다.

⬤ IT계 남성, 북한 여성에게 최고 인기

북한 여성에게 최고 인기 있는 남성은 IT계 젊은이이다. 특히 해외 파견 여성 노동자는 IT 인력을 보면 어떻게 해서든 얘기라도

해보려고 난리였다. 하지만 이들 IT 인력은 눈이 높아 봉제 노동자는 거들떠보지도 않았다. IT 인력은 해외 생활에서도 특권을 누렸다. 자유분방하고, 언제 어디서든 맘대로 남녀가 짝지어 다녔다.

필자도 이들을 본 적이 있다. 투먼 북한공업단지에서 자유로운 복장으로 활보하고 다니며 크게 웃고 떠들었다. 젊은 남녀 여러 명이었다. 똑같은 작업복을 입고 줄지어 다니는 다른 노동자와는 확연히 달랐다. 한번은 젊은 IT 인력 남성을 바로 앞에서 만난 적이 있다. 여름철이었다. 시원한 음료수를 마시려고 북한공업단지 내 가게에 들렀다. 북한 노동자를 고용하고 있는 회사 관계자와 함께였다. 둘이 앉아서 음료를 마시며 이런저런 대화를 나누는데 20대로 보이는 젊은 청년이 웃통을 벗은 채로 들어와 맞은편에 앉아 하드를 먹었다. 운동하던 중이었던 것으로 보인다. 이 청년은 한국어를 쓰는 필자를 노골적으로 빤히 쳐다봤다. 아마 남한 사람은 처음 보는 것 같았다. 동행한 사람에게 물어보니 IT계 북한 노동자라고 귀띔해주며 투먼 북한공업단지에서 IT계 북한 청년은 연예인과도 같은 존재라고 알려줬다.

북한 IT 인력의 해외 생활은 사실상 자본주의자의 생활과 크게 다르지 않다. 연애도 자유롭게 하고 돈도 제일 잘 번다. 단둥의 소식통은 자신이 만난 30대 북한 IT 노동자 5명에 대해 알려줬다. 이들은 30대 초반부터 후반까지 나이로 대부분 부잣집 아들이었다. 맡은 업무에 따라 월급이 다르긴 하지만 최저 6,000위안(약

100만 원)이다. 소식통은 이들이 단둥 압록강 변의 아파트(146㎡)에 거주할 당시 만났다. 이들 가운데 2011년 농협 전산망을 해킹한 전력이 있는 이도 2명 있었다. 소식통은 이들을 만나러 갈 때 술과 담배를 사다 줬다. 이들은 대만 도박 사이트도 열어서 정답을 보며 베팅을 걸었다. 고성능 컴퓨터를 갖춘 상태에서 보통 3~5명이 소규모로 함께 일하고 해킹 프로젝트 하나를 마무리하면 곧바로 철수하는 방식이었다.

🕵 북한 노동자의 단체행동

투먼 북한공업단지에 위치한 'K공업'은 북한 인력 700명가량을 고용했다. 공장 3개를 운영하며 주로 완구를 생산했다. 이 회사는 북한 인력을 고강도로 착취하는 것으로 유명했다. 이른 새벽부터 늦은 밤까지 매일 16시간 이상씩 북한 노동자를 혹사했다. 이 회사 사장은 "북한 인력은 이렇게 다루는 것"이라며 자신의 북한 인력 착취를 공공연하게 자랑하고 다녔다.

결국 견디다 못한 북한 노동자가 2017년 일제히 침묵시위에 돌입했다. 각자의 재봉틀 앞에서 여성 노동자 모두 머리를 숙인 채 아무 말도 하지 않고 울면서 일을 하지 않은 것. 이 침묵시위는 힘을 발휘했다. 깜짝 놀란 회사 대표가 월급을 1인당 200~300위안씩 올려줬다. 물론 노동력 착취 행위도 중단했다.

북한 노동자의 이러한 단체행동 배후에는 '노동부원'으로 불리는 부사장이 있다. 노동부원은 우리의 국가정보원과 유사한 국가안전보위성구 국가안전보위부 소속으로 해외에 파견한 인력을 감시 및 관리하는 일을 한다. 보통 인력 파견회사당 1명씩 나와 있고 수십 명 단위의 소규모 인력을 파견한 공장의 경우는 몇 개 회사를 묶어 관리한다. 노동부원은 1주일에 한 차례씩 노동자를 면담하고 애로사항이 있으면 사장에게 건의하기도 한다. 노동부원의 주 임무는 북한 노동자의 일탈 행위 감시지만 회사 측을 견제하는 기능도 하는 것이다.

🔒 "식당 운영권 달라" 마찰

2014년 여름, 중국 선양의 북한 총영사관과 옌볜조선족자치주의 북한 인력 대표부가 중국 측의 처사와 관련해 강력하게 항의하는 일이 있었다. 그해 봄과 여름, 투먼 북한 인력 단지에서 두 차례 발생한 집단 식중독 사고 때문이었다. 당시 식중독 사고로 북한 인력 200여 명이 병원에 입원해 치료를 받아야 했다. 북측은 항의와 더불어 투먼의 북한 인력 식당 운영권을 넘기라고 강력히 요구했다.

당시 투먼의 북한 노동자 2,500여 명은 조선족 3명이 운영하는 식당 세 곳에서 나눠 식사했다. 북측은 이들 조선족의 식당 운영 방식에 불만이 많았다. 싸구려 재료로 중국식 음식을 주면서 식당끼리 짬짜미해 가격마저 올렸기 때문이다. 이런 상황에서 두 차례 집단 식중독 사고까지 발생하자 분노가 극에 달했다.

선양 북한 총영사관은 "식당 운영권을 넘겨주지 않으면 투먼에 대규모 인력을 송출하지 않겠다."고 선언했으며 투먼 지방정부 인사와의 면담도 의도적으로 피했다. 식당 운영권을 3명의 조선족에게 준 것은 투먼 지방정부였다. 개인 식당업자 로비를 받고 영업권을 줬기에 투먼 당국은 이러지도 못하고 저러지도 못하는 곤란한 처지였다. 북한이 식당 운영권을 요구한 이유는 식당 운영을 통해 얻는 수익이 꽤 짭짤하다는 것을 알았기 때문이었다.

2012년 5월 중국에서 최초로 북한 인력을 합법적으로 받아들인 투먼은 한동안 북한 노동자가 가장 선호하는 해외 일터였으나 이렇게 식당 문제 등으로 잡음이 심해지면서 선호 지역에서 밀려났다. 북한의 인력 송출업체도 투먼을 꺼리기 시작했다. 세 군데 식당에서 여러 공장 노동자가 보여서 식사하는 과정에서 이런저런 대화를 나누다 보니 서로의 근로조건에 대해 상세히 알게 됐다. 노동 시간과 급여를 비교하면서 불만이 터져 나왔다. "나는 저 사람과 똑같이 일하는데 왜 저 사람이 나보다 더 많이 받는가?" 하는 것이 주된 불만이있다. 이는 결국 투먼에서 일하는 북한 인력의 인건비 상승으로 이어졌다. 반면 훈춘 등 다른 지역에서는 대부분 개별 업체가 각자 식당을 운영했다. 다른 공장 노동자와 섞일 일이

없어 근로 조건을 비교하기 어려워 투먼에서와 같은 불만은 덜 나
왔다.

2020년 전 세계를 공포로 몰아넣은 '코로나바이러스감염증(코로나19)' 상황에서도 '세계의 옷 공장, 북한'의 위상은 여지없이 드러났다. 2020년 상반기 필자는 북·중 접경 지역의 여러 소식통으로부터 관련 소식을 접했다. 중국의 코로나19 상황이 심각해지면서 단둥을 비롯한 접경 지역 북한 노동자 봉제 공장은 대부분 작업을 멈췄다. 주문도 끊어졌다. 북한 노동자는 귀국할 수도 없었다. 전염을 우려해 북한 당국이 이들의 입국을 거부해서다. 한동안 패닉 상태로 지내던 북한 노동자는 중국의 코로나19 상황이 개선되면서 차츰 숨통이 트이기 시작했다. 중국이 회복하는 시점에 북미와 유럽 지역에서 코로나19가 확산하면서 방호복과 마스크 수요가 급증했다. 이 때문에 중국으로 방호복과 마스크 제작 주문이 쇄도했다. 방호복 생산은 상당수 주문이 북중 접경 지역 공장으로 들어갔고, 북한 노동자는 방호복 제작에 전념했다. 2020년 5월 단둥의 북한 노동자 공장 90% 이상이 방호복을 생산하고 있다고 현지 소식통은 전했다. 넘치는 주문은 북한 내 생산으로 이어졌다. 북한과 중국의 북한 노동자가 만든 방호복은 '중국산' 라벨을 달고 북미와 유럽 전역으로 팔려나갔다.

이 책에서 자세히 다뤘듯 평양산 제품의 제작 의뢰부터 최종 판매까지 전 과정에는 '중국'이 결정적 역할을 했다. 외국 기업과 북한 노동자 간의 직거래는 불가능하다. 이를 가능하도록 중간 매개체 역할을 하는 것이 바로 중국 기업이다. 물론 중국 정부 역시 이를 잘 알고 있지만 모른 척할 뿐이다. 중국은 대북제재 결의를 결정하는 유엔 안보리 5개 상임이사국 중의 하나이지만, 자국 내에서의 제재 이행에 대해서는 '적절하게' 수위를 조절한다. 중국이 이처럼 이중성을 보이는 속내는 무엇일까? 중국은 이렇게 믿는다. "전 세계가 북한을 옥죄는 마당에 우리마저 원칙대로 제재를 이행하면 북한은 붕괴하고 만다. 그런 상황이 됐을 때 최대 피해자는 바로 중국이다. 북한의 붕괴는 대국大國의 안전에 치명적 위협이 된다." 즉 중국으로서는 국제사회의 약속보다는 자국의 안전이 우선이다.

그런데 중국만 나무랄 일도 아니다. 세계 각국의 기업과 중국, 북한은 하나의 사슬로 연결돼 있다. 사슬의 이름은 '돈'이다. 각국 기업은 더 많은 '돈'을 벌기 위해 세상에서 가장 저렴한 북한 노동자를 원하고, 북한 노동자 역시 '돈'을 벌기 위해 이들의 제품을 만든다. 각국 기업과 북한 노동자 간에 연결을 해주는 중국 기업이 원하는 것 역시 '돈'이다. 북한에서 만든 제품은 중국으로 들어와

284

285

중국산으로 수출돼야 하는데, 이 과정에서 밀수를 눈감아 주는 접경 지역 중국 공무원이 원하는 것도 '돈'이다.

유엔 안보리는 지난 2006년부터 2020년 5월 현재까지 모두 10차례에 걸쳐 실질적으로 북한을 제재하는 결의를 채택했다. 2017년 한 해에만 전체 대북제재 결의의 절반 가까운 4차례 결의가 있었다. 2017년 대북제재 결의를 집중적으로 채택한 이후로는 북·미 간 대화가 진전되면서 안보리는 2020년 5월 현재까지 추가 제재를 채택하지 않고 있다. 2017년 4차례나 쏟아낸 대북제재에 대해 '역대 최강'이라는 평가가 유엔 안팎에서 나왔다. 하지만 최소한 '북한산 섬유제품 수출 금지', '북한 노동자 해외 파견 금지'와 관련해 안보리의 대북제재는 별 효력이 없음을 확인했다.

사실 유엔 안보리 대북제재 결의의 실효성에 대해서는 이미 여러 차례 의문이 제기된 바 있다. 이러한 현실 앞에서도 유엔은 기존과 같은 방식으로 대북제재의 길을 계속 걸을 것인가? 안보리 대북제재 패널에서 일했던 전문가의 신랄한 표현처럼 "안보리 대북제재 결의는 북한을 응징하고 무언가 이뤄지고 있다는 목표를 갖고 있지만, 이런 목표조차 환상에 불과한 현실"이 돼 버렸다. 그래서 안보리의 고강도 대북제재 결의에도 불구하고 핵실험과 미사일 발사 실험 등 북한의 무력 도발은 오히려 더 강해져 왔다.

이런 현실에서 유엔 안보리는 '대북제재 쇼'를 중지하고 북한을 국제사회의 일원으로 끌어들일 수 있는 실질적 방안에 대해 논의해야 할 것이다. 만일 제재가 필요하다고 판단한다면 '확실하게' 제재해야 한다. 현실적으로 집행 가능한 제재를 해야 한다. 그것이 어렵다면 차라리 이를 인정하고 제재를 접어야 한다. 그리고 현실적으로 북한을 움직일 방법을 모색해야 한다. 그것이 채찍이든 당근이든. 지금 상태로 간다면 북한이 국제사회와 발맞춰 가는 것은 요원한 일이다.

본 저서를 출간하기까지 여러 분께 빚졌다. 우선 오랜 기간 취재 과정에 필자에게 각종 자료를 제공하면서 취재에 협조해주신 익명의 취재원 여러분께 감사의 말씀을 드린다. 그분들의 적극적인 협조가 없었다면 이 책은 태어날 수 없었다. 취재 과정에 취재원 여러분이 신신당부했던 신분 비밀 보장을 위해 필자 역시 최선을 다했음을 말씀드린다.

또 본 저서의 가치를 인정해준 최효준 팀장님을 비롯한 늘품플러스 출판사 여러분께도 감사를 드린다. 어렵고 딱딱할 수 있는 북한 이슈를 다룬 글임에노 '재미있다'고 인정해줌으로써 필자에게 용기를 주었다. 또 독자의 이해를 위한 세밀한 조언은 어지럽던 원고를 질서정연하게 다듬을 수 있도록 했다.

아마도 기자란 직업을 가졌더라면 큰일을 해냈을 중국의 숨은 정보원께 특히 감사를 표한다. 그분의 유별난 호기심은 필자가 중국 속 북한의 내밀한 사실을 파악하는 데 결정적인 도움을 줬다.

새롭고 독창적인 시각으로 필자에게 영감을 준 '후' 역시 잊을 수 없다. 차가운 팩트만을 찾는 필자에게 '후'의 아이디어는 다른 각도에서 접근할 수 있는 자극을 제공했다. 아울러 책 제목을 제시한 '현'과 '라'에게 고마움을 전한다. 필자가 고민한 딱딱한 제목과 달리 심플하면서도 누구나 쉽게 이해할 수 있고 핵심이 담겼다.

끝으로 한 가족의 가장이기도 한 필자가 집필에 전념할 수 있었던 데는 가족의 도움이 컸다. 바쁘다는 핑계로 늘 부족한 가장, 이 자리를 빌려 미안하고 고마운 마음을 함께 전한다. 화려한 포장 속 실체를 들여다보기를 원하는 강력한 호기심이 이 책을 집필하게 한 원동력이었다. 하지만 출간까지 우여곡절이 많았다. 미확인 소식이 난무하는 북한 정보의 홍수 속에서 '사실'에 충실한 기록이라는 평가를 받을 수 있다면, 그것으로 충분하다.